基础教育改革与教师专业发展丛书

心理健康教育系列

主题班会活动设计
德育卷

ZHUTI BANHUI HUODONG SHEJI
DEYUJUAN

梁明月◎编著

安徽师范大学出版社

责任编辑:秦宗财　桑国磊
装帧设计:丁奕奕

图书在版编目(CIP)数据

主题班会活动设计.德育卷/梁明月编著.—芜湖:安徽师范大学出版社,2014.11(重印)
(基础教育改革与教师专业发展丛书)
ISBN 978-7-5676-0335-6
Ⅰ.①主… Ⅱ.①梁… Ⅲ.①班会-中小学-教学参考资料②德育-中小学-教学参考资料 Ⅳ.①G635.5②G631

中国版本图书馆CIP数据核字(2012)第319285号

主题班会活动设计·德育卷
梁明月　编著

出版发行:安徽师范大学出版社
芜湖市九华南路189号安徽师范大学花津校区　　邮政编码:241002
网　　址:http://www.ahnupress.com/
发 行 部:0553-3883578　5910327　5910310(传真)　　E-mail:asdcbsfxb@126.com
经　　销:全国新华书店
印　　刷:安徽芜湖新华印务有限责任公司
版　　次:2013年11月第1版
印　　次:2014年11月第2次印刷
规　　格:787×960　1/16
印　　张:14.75
字　　数:212千
书　　号:ISBN 978-7-5676-0335-6
定　　价:26.00元

基础教育改革与教师专业发展丛书编委会

内容简介

本书旨在指导中小学教师和班主任有效运用教育智慧和策略进行主题班会活动设计。本书将重点介绍中小学主题班会活动的常规内容,如学习习惯活动设计、班规制定活动设计、班级文化建设活动设计等常规班级管理内容;德育活动设计方面有,诚信活动设计、爱国活动设计、合作活动设计、环保活动设计等。

这些内容将按照学生的年龄和成长阶段进行安排,并利用节日、校园环境和生活实践等条件进行设计指导。本书强调情境、分享、互动、思考和拓展,提倡教师积极主动地把书本内容自然地迁移到实际教学中去。

总 序

“教育改革”在当下是一个出现频率非常高的概念,这种语言现象所反映的正是教育实践的客观现实。伴随着经济全球化、信息化和网络化的迅猛发展,世界范围的教育改革正一浪高过一浪,教育改革正成为一项持续不断的教育实践活动。可以说,变革已成为当代教育的一个典型特征。

同样,改革也是我国当代基础教育领域蓬勃发展的重要驱动轴。近年来,基础教育改革正在各个层面全面展开:在课程领域,综合课程、活动课程、微型课程、模块课程等正在逐步取得与学科课程同等的地位,并对促进学生的全面发展发挥着不可替代的作用;在教学领域,诸如探究式教学、互动式教学、学生自主学习、合作学习等一系列新的教学方式和学习方式也正在逐步取代某些传统的教学方式和学习方式,被师生广泛运用于教学过程之中;在德育领域,一方面,是某些陈旧落后的德育理念和模式正在为人们所摈弃,另一方面,多种新的德育理念和模式正在受到教育理论工作者和实践工作者的广泛关注并在学校德育实践中进行尝试和经受检验;在教育评价领域,传统的评价理念和范式同样日益受到人们的质疑与批判,与此同时,各种新的评价理念和范式层出不穷并被师生普遍接受和运用。

基础教育改革不仅使学校生活、师生关系和课堂面貌等发生了重要变化,也向广大教育实践工作者提出了新的更高的要求。持续不断的基础教育改革,使每一个投身于教育实践工作的人都面临着一系列无法回避的挑战。这种挑战,既意味着教育实践工作者不得不正视和思考教育改革带来的各种新的问题,同时也意味着他们在面对不断变化的教育实践情境时,必须采取适当、合理的因应与行动。

教育大计,教师为本;有好的教师,才有好的教育。这既是基础教育改革实践的强烈诉求,同时也是理性认识基础教育改革所形成的共识。好的教师,才有可能既娴熟自如地驾驭教育教学活动,最大限度地促进学生的发展,同时又能够有效地应对社会和教育发展所带来的各种新变化、新要求,成为教育改革的参与者和"弄潮儿"。好的教师由何而来呢?也许人们对这一问题有着各自不同的认识,也许不同的教师其成长的过程和方式各有差异,但可以肯定的是,好的教师既需要经受教育实践的历练,需要教育实践给予其充分展现的机会,同时,也需要接受教育理论的滋养,需要对教育教学的本质和规律性有着正确的认知和把握。

与教育实践工作者相同的是,教育理论工作者也正在面对教改所带来的诸多挑战。基础教育改革的蓬勃展开,也必然会对教育理论工作者提出如何恰当地回应教育改革、如何研究和解决教育改革中出现的各种新问题、如何引领教育改革的发展方向等诸多问题。可以说,在教育改革持续展开的背景下,教育理论工作者正面临着双重任务:一是必须及时研究和探索教育改革中不断出现的新情况、新进展,发现制约改革的各种因素和变量,揭示和分析教育改革发生发展的特点和规律;二是必须观照教育改革参与者特别是中小学教师的实践诉求,通过对教育改革实践的理论阐述,引领他们更加理性、有效地处理改革实践中所遇到的种种现实问题。

我们欣慰地看到，当前，已有很多学者对基础教育改革的一系列重要问题进行了深入的研究和探讨，从多角度、多方位提出了诸多有关教育改革的真知灼见，展示了学者们对教育改革实践的理性认识。然而，如何将这些理性认识转变为教育改革实践的理性行动，却需要做一番综合与转化工作。所谓综合，就是要对不同的理论研究成果，根据教育实践的逻辑，重新进行组合与梳理，以形成更加适合于教育实践的知识体系；所谓转化，则是要通过对知识的再加工和再创造，将原本用于精确表达思想和观念的科学话语体系，转变成实践话语体系，从而更加适合教育改革实践的需要。而本套丛书所努力达成的，就是这样的一个目标。我们期待我们所做的综合与转化的努力，能够产生切实的实践效果。

教育改革既涉及宏观层面，也涉及微观层面。仅有宏观层面的努力而缺失微观层面的配合与行动，教育改革不可能取得成功。宏观层面的教育改革主要是由政府来决定和实施，而微观层面的改革不仅需要政府的介入，更需要教育实践工作者的实际行动。我们编写这套丛书，主要的目标是指向微观层面，指向中小学教师的教育教学实践。丛书涉及当前基础教育改革和教师专业发展的诸多领域，主要针对当前基础教育改革和教师专业发展中所遇到或将要遇到的一系列问题而编写，以问题作为研究和讨论中心。我们期望通过聚焦教育改革实践中遇到的各种实际问题，借鉴中外教育改革的研究成果和成功经验，为教育实践工作者正确地认识和把握这些具体的实际问题提供指导和帮助。

本丛书主要包括教师专业发展系列、基础教育改革与学生发展系列、新课程教学探索系列、班主任工作系列、心理健康教育系列、教师专业标准系列等，读者对象主要是广大中小学教师。丛书的定位是理论与实际有机结合、介于学术著作和通俗读物之间,既注意吸收相关学科领域的最新成果,反映教育教学研究的前沿动态,又注重贴近中小学教师的工作和生活,对目前我国基础教育的实际以及教改实施与进展的状况进行分析和探讨,注重解决读者在实践中遇到的问题或困惑,努力做到科学性、前沿性、实用性的统一。丛书内容通俗易懂,深入浅出,每册书在内容上不求大而全,不求面面俱到,而是突出重点,将关注教师的需求放在第一位,尽可能为他们提供有针对性的思想和理论的引领,给他们以实践操作的启发。

我们相信本套丛书的出版,能让广大一线中小学教师获得所需的知识和有益的启示,对学校的进步、教师的发展和学生的成长发挥建设性的指导作用,为促进教育改革和教师发展增添些许动力。我们也期待着本丛书的出版,能够为师范院校相关学科的教学与研究提供更为丰富的素材,从而推动教师教育质量的不断提升。

编委会

二〇一三年一月

前　言

每一本书的诞生都蕴含着其编著者的目的和期待。这些目的和期待构成了一本书的存在价值。《主题班会活动设计·德育卷》的诞生主要源于三个方面的考虑。

其一,重要性考量:主题班会活动是学校德育的重要载体。

主题班会活动顺利、有效的开展关系着整个学校的德育成效。我们寄希望于立足主题班会这一具体的学校德育形式,提高其道德教育的效果,让每一节班会活动都能产生积极的道德力量。从而提高中小学生的道德素养,减少人们对学校德育的诟病。

其二,普遍性考量:主题班会活动是班级管理的日常事务。

主题班会相对于其他德育活动来说,是最常见的、最普遍、最常被应用的德育形式。这几个“最”强调了主题班会活动在班级运行过程中的普遍性。从数量来说,每个班级在每个学期,甚至每个月都要开展一次或数次主题班会活动。如此普遍而常态化的活动形式,其开展的状况和效果必须得到关注和研究。从广泛性来说,众多班主任在遇到各类班级问题时都习惯性地采用主题班会的教育形式。它几乎成为教师处理学生思想、行为、品性的最重要方式。因此,开展主题班会的研究对于班级和学校管理来说极为重要。

其三,困难性考量:主题班会活动是考验班主任能力的一项指标。

相对于知识教育来说,对学生进行道德教育较为困难。这是由道德教育本身的特殊性决定的。德育不仅需要学生发挥思维能力(这是知识教育的关键),理解道德的原则和准则,还需要学生情感的投入、思想的认同和行为的参与。这个过程难以把握、控制、评估和模式化。因此,一个动人心魄的主题班会活动很大程度上取决于实施者(班主任)的专业能力。班主任如何设计实施主题班会活动是考验班主任的组织能力、道德感染力、应变能力等专业能力的重要指标。

上述三点成为我们编写此书的动力。但是由于编者理论积淀和实践经验有限,因此本书在多大程度上能够实现编者的期待尚不可知,仅希望本书的理论和实例能够为读者提供一些启发。同时,恳请读者对书中的错误不吝赐教!

目　录

第一章　主题班会活动概论

主题班会活动是学校开展德育工作的重要载体之一，是班级管理、班级文化建设的重要依托，也是衡量班主任德育工作和教育智慧的重要指标之一。良好的主题班会活动能够有效地帮助班主任实施道德教育、培养良好的班集体。

第一章主要介绍主题班会活动的相关理论知识，如主题班会活动的概念、特征、类型及意义等。

第一节　主题班会活动的概念及特征

主题班会活动的概念，相对于哲学思辨性的理论术语来说，具有较强的“实践性”和“经验性”。从经验的角度可以将主题班会活动描述为：为实现既定的教育或管理目的，教师（多指班主任）或学生组织开展的围绕相关主题而进行的各项班级活动。广义上，所有符合该定义的班级活动都可以称为主题班会活动。但是这个概念并没有概括出主题班会活动的本质。主题班会活动在“既定的目的”上有何特殊性？开展主题班会活动的“班级活动”和其他活动有何差异？主题班会活动所设计的“主题”有无限定？等等。对这些问题的回答将产生对主题班会活动的不同理解，同时也会对主题班会活动的开展产生影响。在实践中，人们倾向于根据“主题”所指向的不同教育目的将主题班会划分为不同的类型，如心理健康教育主题班会、德育主题班会等，其中在中小学最常见、最典型的主题班会是指德育主题班会。所谓的德育主题班会，是指教师（多指班主任）或学生围绕某个（某些）主题开展的旨在提高学生道德素养和文明习惯的班级活动。这些活动具有极强的德育价值，是学校德育的重要组成部分。因此,我们在理解主题班会活动时需要把握其德育本质。

一、指向德育:主题班会活动的目标特征

一般而言,主题班会都有一个或多个较为明确的目标。这些目标与主题班会的类型和具体内容有关,如"感恩的心"主题班会,其核心目标是启发学生领悟和践行"感恩"这一品质。"阳光总在风雨后"主题班会活动则是鼓励学生正确面对挫折,在失败中吸取教训、战胜困难等等。主题班会活动的目标指向都可以概括为以下两个层次。

(一)直接目标

对于发起、组织主题班会活动的教师或学生而言,任何一个主题班会都是为了完成某个(某些)具体的任务。这些任务或直接或间接地需要通过主题班会活动得以解决。因此,主题班会活动的直接目标就是完成这些任务。根据任务的不同类型,主题班会的直接目标也有所不同,举例来说:

- 完成各级教育部门传达的任务,如迎奥运、防艾滋、廉洁教育等;
- 处理班级特殊状况,如打架、网瘾、早恋、偷窃等;
- 完成班级常规管理的相关事务,如入学教育、班委选举、班级评优等;
- 班主任根据学生道德发展的特点而开展的各类班会活动,如诚信教育、感恩教育、爱国教育等。

完成相应目标是组织者计划开展某个具体班会活动的直接动因,也是人们设计和实施主题班会活动的首要依据。从具体的主题班会活动来说,是否实现这些目标以及在多大程度上实现这些目标是评价此次主题班会"有效"或"成功"的重要指标之一。

(二)深层目标

除了直接目标以外，主题班会活动还有其深层的目标——促进学生的道德成长和人格发展。这一目标由学校的教育任务所决定，因为“学校不仅要教会人们去改变环境(客观世界)，还要教会人们改变自我(主观世界)；它既赋予受教育者以对象化活动的品质，又要使之具有非对象化(对象性)活动的品质，并使这两方面的品质在个体的人格上得到和谐协调的发展。”[①]主题班会活动可以看作为学校道德教育的集中表现。因此，任何

①鲁洁. 通识教育与人格陶冶[J]. 教育研究，1997(4).

主题班会活动不能仅仅局限于某个具体目标的实现,而应该与学校教育的宏观目标相联系,充分利用每一次活动启发学生对道德的向往、确认和践行,从而塑造他们的主观世界。从理论上说,这种“道德属性”天然地蕴含在所有主题班会活动之中。从现实上说,人们几乎很难找到与道德无关的主题班会活动。真正的问题在于,在一些主题班会活动中,人们忽视了对“道德”的开发,从而使得主题班会活动缺少了对“德性成长”的关照。因此,组织者在设计开展主题班会活动的时候应当关注于开发这种活动的“道德价值”,避免一味地迁就于某个具体任务的完成。例如,评选班干部的班会活动,其重要性不仅仅在于选出班委会成员,而更在于选举的公正性、选举的民主性、选举的程序合法性等等。传达这些道德价值对于学生来说意义更为重大。它将直接为学生提供道德的实践场域和行为范本。当然,从某次班会活动来说,道德价值的传达及其效力似乎很难在短时间内表现出来,但是这种“深层目标”应该成为人们组织主题班会活动的重要立意指标。它对学生的影响将会更加深刻、长久。

二、蕴含德性:主题班会活动的内容特征

通常情况下,组织者在选择主题班会活动的主题时,比较倾向于选择具有道德教育属性的内容,这主要是由于主题班会活动与德育之间存在着天然联系。即便是日常的班级管理事务,看似与道德教育关系不大,其实也蕴含着德性的因素,如选举的“民主之意”,评优的“公正之维”,班规制定的“程序合法”等。人们会在选择班会活动的主题、搜集材料和设计过程中较多地关注富有情感和蕴含德性的内容。这些主题和材料容易令学生感动,引起学生的共鸣,从而有利于学生进入讨论和体验的情境。

除此以外,蕴含德性的主题班会活动内容往往以正面激励为主,以期待唤醒学生的内部自觉。这种正向的激励能够对学生的情感和道德发展产生积极的影响。以内容为切入口的显性道德教育内容往往能够激发学生产生道德承诺和道德执行力。

小体验

阅读下面的文章，体会自己在阅读这段材料时的内心感受。

感恩中国

在灾难中奋起，在灾难中超越，在灾难中凝聚。我们这个民族在灾难中失去的，也将由我们的进步来补偿。

时近一年，为汶川地震死难者鸣响的汽笛声犹在耳。

一次地震激发人心，十三亿人努力照亮灵魂。感恩中国，让我们生长于这个人心高尚、光明照耀的时代；感恩中国，让我们有幸在960万平方公里土地上，与遍地平凡英雄同一脉搏；感恩中国，让我们刹那间冲破平庸与狭隘，一次又一次谛听、理解、接受、珍惜那无数尊贵的生命。

一年行尽，回望巨灾袭来后的日日夜夜，每一个平凡日子，留下奇迹的笔触，每一个生命，都至尊至圣，每一秒钟寂静，由无数祈盼、祝愿谱成。

感恩中国，让我们有机会看到每一个生命放射出同样的光明。

我们难以忘记，国家主席和共和国总理地震灾区坚执身影；难以忘记，高空穿云扑险十三位伞兵；难以忘记，悬崖边手手相连子弟兵人链；难以忘记，橘红色消防队员在废墟上跃动。

更多平凡让我们深深铭记：有父母舍身抢救膝下儿女，有教师卫护自己学生，有在无人处痛哭亲人的村支书，有不问家人尽忠公职的派出所干警；有大情行义的唐山队伍，有千里驰援的民营厂主，有救人不计代价的出租车司机，有都市街头献血队伍蜿蜒长龙；有泪水打湿镜头的新闻记者，有无影灯照亮的白衣天使，有忠贞牺牲的直升机驾驶员，有废墟边播种的无言农夫。

还有平地涌起，无处不在的志愿者。行胜于言，他们是苦痛者的安慰，救难者的助力，一切受灾百姓的至爱亲朋。

涓滴等洪流，笔墨难尽述。在那一刻，960万平方公里土地上，每一个人，每一个位置，每一个言行，尊贵与平凡，生者与死者，灾区内与外，13亿中华儿女熠熠同光，正大光明。

感恩中国，让我们在灾难中，抛弃狭劣，放下偏执，直面生命。

巨灾后的一年，我们动用国家最精锐力量，也向每一个普通人的努力致敬；我们启动对口支援体制、集中政府资源倾斜配置，也放手让市场发挥作用；我们汲取学者专家的智慧救灾重建，也倾听普通人的点滴音声。我们不再遽论乡镇村基层干部，他们奉献，他们牺牲，他们同样是受灾群众，又是受灾群众的组织者、主心骨；我们不再轻议农民，他们沉默，他们忍耐，他们在无言中坚韧顽强，他们是大地和地上生命的主人。让我们再次回忆三个平时争议不休的群体：地震中，许多位中小学教师，为保护学生献出自己生命，他们在地震中为他人牺牲生命最多；几乎所有灾区公安民警，都放下自己家人，维护公共秩序，救人救灾，他们最显“无情”；全国最优秀医生护士，不计代价，轮赴灾区，从应战非典到抗震救灾，他们始终在重大灾难中贡献心血、关键时刻同赴国难。

偏执在急难中舍弃，纷争在生命前平息。

感恩中国，我们接受，我们包容，我们放下自我偏见与互相攻讦，在光明德行中凝聚共同核心价值，于平凡日夜里创造每个人尽忠尽责环境。在灾难中奋起，在灾难中超越，在灾难中凝聚起推动中国进步的伟大力量。感恩中国，让我们能重建坐标，超越小我，升华生命。由此上溯五千年，从那时起，为了中华民族生存、发展与进步，在一切灾难和艰难险阻前奉献、付出、牺牲的人们。

他们的精神，与日月同辉。

资料来源：瞭望评论员.感恩中国——汶川大地震一周年祭[J].瞭望，2009.9.（节选）。

三、过程道德：主题班会活动的过程特征

任何“关于道德”的教育本身必须是道德的。这种道德最集中地体现在道德手段的使用和道德过程的人本性。有些德育活动缺乏对学生主体体验的关注而让学生感受到压抑和痛苦。这种活动不可能真正发挥道德教育的作用，学生也不可能通过这样的活动获得道德成长和人格发展。主题班会活动应该让学生在身心舒适的状态下进行，不应该采用任何强迫、灌输或压制的手段让学生接受某些价值观或践行某些行为。主题班会活动在实施过程中应该充分发挥其道德性。

首先，主题班会活动一般为集体活动，全员参与。通过集体讨论、演讲、辩论、表演等方式，学生可以充分地阐述自己对某个问题的看法。这种全员参与的特点要求组织者应当平等地对待并尊重每个学生的言论和感受。主题班会不能成为教师的“独角戏”，也不能成为少数学生的“秀场”。

其次，主题班会活动应该体现民主、公开、友善和美的价值。教师要利用各种手段，如美文、图片、音乐、动画等来启发学生的思维和心灵。那些精心设计的班级布景、富有感情的美文朗诵、令人深思的画面等等都将成为提升主题班会活动价值的重要内容。

再次，主题班会活动的过程是一个师生互动和生生互动的过程。每个人将在参与、聆听和分享过程中获得可能的启发。每个学生都可以充分地表达自己的意愿和思想。能够自由地表达并得到他人的尊重对于学生来说是一个重要的体验。他们将在这一过程中不断地思考和领悟某个主题的价值和力量。这是道德学习较为有效的一种方式。

知识深化

德育活动形式的立美追求:施展自由

德育活动中的中介结构形式既表现为外化的方面(课程内容的呈示形式),更表现为对于这一外化方面的操作——德育实践活动本身。从一定意义上看,德育内容原本是静态呈示的,而停留在静态呈示阶段就只能有自然的道德影响而不会有真正自觉的德育活动。因此,德育过程的真正实现有赖于教师将课程内容化静为动作用于德育对象,更在于德育对象完成道德内容的主动内化和吸收。德育活动形式的立美追求应在于创造"让实践在现实面前施展自由,人们可以从主动活动到实现目的的推移运动中看到运用规律的理性"这样一种教学活动方式。在目前德育理论和实践中,人们较多地关注了教师活动的美的形式的构造即所谓的"教学艺术"。人们也常常谈到学习艺术和"学习的审美化"等等。那么就道德教育而言,教的形式、学的形式应如何走向立美范式呢?在道德教授活动的立美化方面,人们较常讨论的问题有:(1)教师语言艺术(包含体态语),如抑扬顿挫的节奏、恰到好处的语调、语重处理等;(2)课堂或课外活动的结构安排,授课的节奏、虚与实,课堂气氛的审美化等;(3)现代传媒和其他教学手段的恰当运用,以创造"彩色信息传输通道"等;(4)教学活动的环境美化,包括教室、校园等的美化建设,以实现使学校的"墙壁也说话"的目标;(5)课堂教学的其他艺术追求,如板书艺术等;(6)艺术的直接利用,如将电脑、电视、文学作品引入德育过程。但其实上述这些艺术化手段都仅仅具备立美德育的一些外在的可能性,因为这些艺术手段如果不能够实现教学双方"施展自由"的目标,形式上的"美"就会在顷刻间化作突出的"丑",德育观摩课中常犯的"表演化"的错误根由即在这里。所以,需要特别加以说明的是:德育活动的形式美最广阔的范围是常态德育活动,而非偶然和附加的艺术手段的动用。德育美学、"德育艺术"之类的概念往往使人联想到了德育活动中艺术手段的运用和德育活动形式艺术化等。其实这一看法是完全错误的。德育除了艺术美的成分之外，更原本的应是现实美。类似于庖丁解牛那个著名的例证，所有合乎德育规律，成功地使教师施展自由同时又使道德学习主体施展自由的德育活动，就其形式来看，都符合美的规律。从一定意义上说德育美学观倡导的应是常态德育活动的立美创造。在德育情境中道德学习的立美追求问题常常表现为学习过程的审美化和所谓“学习艺术”问题。其实，学习的“艺术”与“教学艺术”一样也只是立美学习的一种可能性，对一个特定个体来说是艺术的东西，对另外一个则未必。其内在的根据也在于给予前者施展自由机会的形式往往窒息后者“施展自由”的追求。道德学习的方式往往表现为“活动”，只有当活动在实现道德内容真正内化的目的性过程中，充分体现学习主体对于学习规律以及对于学习内容中特定道德律的驾驭这一内容时，学习主体才是真正地施展了自由的。所以立美学习的最后根据并不在学习艺术化的外观，而在于这些学习活动外观形式能否实现和展示学习主体的自由。综合地看，道德教育的教和学的具体艺术追求是完全必要的，但真正艺术性活动形式或立美教学范式的追求的核心并不在于具体的艺术技艺，而在于这些技术形式要能反映出教、学双方在道德文化的授受活动中运用教育规律的理性抉择和组合的主体自由，体现对道德规范顽强疏远性的主体征服。所以德育活动形式的立美追求的目标在于寻找或创造“施展自由”的中介结构形式。“施展自由”的标准既是抽象的又是具体和普适的。孤立地看，艺术手段或具体立美教学方法只不过是某种外在附加的东西，如果没有内核的标准，则这些附加物就会立即成为德育活动的另外一种异己的力量。

资料来源：檀传宝.德育美学观[M].北京：教育科学出版社，2006：145–147.（节选）。

第二节　主题班会活动的类型和意义

主题班会是学校集体活动中最主要的组织活动之一。班会的内容没有统一的限制。班会可以为专门解决班级存在的某个问题而召开，也可以为了专门完成教育部门或学校的要求而召开，也可以为了满足学生自己的要求而召开。主题班会的形式多种多样，不同的班会主题开展形式和具体程序也会有所差异。总之，主题班会活动没有固定模式，可以根据教师和学生的要求而变化。有些主题班会活动甚至并不在教室内进行，而在操场、剧场、社区等地方召开；也有某些主题班会活动不仅仅包括自己班级的学生，可能还邀请了某些校外人士参加等等。因此，在梳理和介绍主题班会活动的相关内容时，本书主要围绕主题班会活动的概念而展开，不针对某些特殊主题班会活动情况。

一、主题班会活动的类型

王宝祥教授认为：划分班会活动的类型是一件复杂的事情。如果我们以班级活动的内容归类，可以德、智、体、美、劳各育为依据，但因为各育互相渗透，许多活动都会是兼类的。如果我们以班会活动的形式归类，可以归为班集体的和小组的两种基本形式，但是意义并不大。因此他采取了并不严谨的分类方法，把班会活动分为以下几类：1.班级例会，主要有周会和晨检两种；2.主题教育活动，如主题班会、报告会、伦理讲话、主题座谈活动；3.文体活动，如联欢会、体育活动、文体小组活动；4.学习活动，如作业展览、学习经验交流会、学习方法讲座、知识竞赛、课外阅读活动；5.科技活动，如科技班会、科技参观、科技兴趣小组；6.社会教育活动，如参观访问活动、社会调查、共建精神文明活动；7.班级劳动活动，如组织自我服务性劳动、组织社会公益劳动、组织服务性劳动小组等等。[①]这一分类较为全面地概括了主题班会活动的类型。但是这一分类不能完全契合本书对主题班会活动的概念界定。举例来说，上述分类把主题班会当成“主题教育活动”的一种类型，并与其他班会活动并列，而本书的主题班会活动概念几乎包括上述各种班级活动形式。同时，这些类型之间的区分逻辑需要进一步厘清，因此，本书将主题班会活动依据相应的维度分为以下几种：

① 王宝祥.新时期班主任工作[M].呼和浩特：内蒙古教育出版社，1990:182-187.

(一)按实施目的可以将主题班会活动分为以下几种

任务性班会:是指班级依据学校或相关部门的规定和要求而进行班级教育活动。如消防安全教育、防艾滋教育、廉洁教育等。

事务性班会:是指为了研究、解决班级管理事务而召开的班级会议,如入学教育、班委选举、班级评优等。

德育主题班会:是指班主任根据学校德育目标和学生道德发展的特点而开展的各类班会活动,如诚信教育、感恩教育、爱国教育等。

应对性班会:是指班主任为处理班级特殊状况而召开的班级会议,如早恋、网瘾、打架、偷窃等。

(二)按组织形式可以将主题班会活动分为以下几种

论理式主题班会:这种班会以直接提高认识为主,提出问题、针对问题、解决问题,一般用来对重大问题进行论证和阐述,使学生统一认识、提高认识。论理式班会有多种样式,如直接的论理、通过辩论明理、通过研讨识理等。论理式班会目的很明确,即把"理"说透、使学生信服,所以要论证有据、内容翔实、逻辑严密、思辨敏捷。

交流式主题班会:这种班会主要用于学生间相互学习和相互借鉴,通过班会使学生之间好的经验和做法得到推广。这种班会也可以用于外请的人员与学生交流,通过班会上的沟通,达到学习借鉴的目的。开交流式班会要创造一种气氛,即和谐、融洽、引发出学生对所交流的经验的钦佩和赞赏之情。如果学生只作为"听"的对象,往往效果不够理想。所以对这种形式的班会的准备,要选好"交流"的对象,要做好交流者与同学之间的感情上的沟通,并要注意,最好要真正的"交流",而不是单向的传播。

文艺型主题班会:文艺是学生喜闻乐见的形式,文艺型的班会可以活跃气氛,寓教于乐,使学生受到情感上的激励和熏陶,从而收到教益。文艺型的班会一般通过班级内文艺表演形式进行,如讲故事、唱歌跳舞,其他文艺表演,甚至是绘画、书法、摄影等形式。这种形式的班会是学生展示才能、发挥创造性的好机会,也是引导学生自我教育的好机会,还是培养学生组织能力的好机会,所以很受学生的欢迎。

竞赛式主题班会:这种形式的班会是针对学生的竞争、好胜心理所采用的一种活动形式,在"两军"对垒中,融入哲理性、知识性或判断社会热点问题的是非性。这种形式的班会,容易形成热烈的气氛,但准备不周又会偏离主题。竞赛式的班会内容有知识性的竞赛,判断是非的竞赛,某种能力的竞赛等。

纪念性或庆祝性主题班会:纪念性的班会包括对重大历史事件和名人的纪念,对重大的节日、传统的节日的庆祝等。这类班会往往与社会的纪念活动、庆祝活动合拍,因此容易造成气氛,但也容易走过场。纪念活动、庆祝活动都有鲜明的主题,同时又都有比较深的社会影响,因此其教育性容易把握,也容易为学生所接受。纪念活动、庆祝活动又都有社会上的"传统"纪念、庆祝方式,因此这种班会的活动形式好把握,特别是可以利用某些社会条件来丰富班会的内容,使班会活动能够多姿多态。

实践性主题班会:学生参加各种实践性的活动,是他们受教育的必需内容,尤其是社会实践活动,对学生的成长更为重要。实践性班会是学生参加实践活动比较集中的形式,通过这种班会,要使学生较集中的体会实践的意义,较突出地领会实践的内容,较集中地认识某一方面或某一个问题。实践性班会的特点是耳闻目睹、有真情实感,能对教育内容印象深、领会快,能增加信任感,并容易受到情感的激励。

模拟式主题班会:所谓模拟式的班会就是创设一种情境,使学生进入那种情境中,以使他们感受到自身的责任,感受到"现场"的气氛而加深印象,更主要的是使学生增强主人翁感和积极参与的意识。同时模拟式的班会,也适合青少年的特点,还能增强他们的想象力和实践能力。这种班会组织得好,还会出现一种热烈的气氛,使学生产生广泛的兴趣和追求的心理。一般模拟式的班会,有想象情境式的,如《与时间老人座谈》、《XXXX年的畅想》等等;有实况模拟式的,如模拟法庭、模拟交通警察、《小朋友在敬老院》等等。总之,一是创设情境,创设一种有教育意义的环境;二是使学生成为这种情境中的一个角色。这样就能产生"身临其境"的感受,其"角色"意识就能不断增强,从而达到预期的教育效果。①

① 白铭欣. 班主任的科学与艺术[M]. 北京: 华龄出版社, 1996: 436-440.

（三）按开展周期可以将主题班会活动分为以下几种

定期班会：指每周、每月、每学期、每学年中较固定已形成惯例的班会。定期班会的内容往往也比较固定。如：庆国庆、迎新年等。

临时班会：往往由班主任或学生根据学校要求或班级发展状况而临时决定召开的班会。

（四）按照主持人可以将主题班会活动分为以下几种

嘉宾主持的主题班会：指的是由班级外成员依据自己的身份或专业优势主持开展的主题班会活动，如消防安全主题班会活动往往会邀请一些消防官兵对学生进行消防知识宣传；有些班级会邀请一些术业有专攻的家长主持某一主题班会活动；还有一些班会活动会由社区工作人员主持开展等等。

班主任主持的主题班会：这类主题班会活动最为普遍，通常是由班主任根据教育需要对学生进行集体教育。（在一般情况下，人们默认主题班会是由班主任主持召开的。）

学生主持的主题班会：这类主题班会活动体现了学生自治的特点。在新课程的背景下，很多班主任会鼓励学生自己处理班级事务，由班级同学自发开展主题班会活动，促进学生自我管理。相对来说，这类主题班会活动更能发挥学生的主动性和积极性。

二、主题班会活动的意义

主题班会活动以育人为核心，相对于学科知识教学来说，它更加关注学生的非学业因素的发展，对学生的能力、人格和整个班集体建设都有着极为重要的作用。班会活动能够为学生提供更多的创造和表达空间，在班级管理和学生发展中起着不可替代的作用。

（一）主题班会活动对学生全面发展的意义

主题班会活动的开展丰富了学生的在校生活，缓冲了目前我国学校教育较为强调学科知识学习给学生带来的学业压力。在活动中，学生能够发展自己其他方面的才能，从而促进学生多方面的发展。

首先，主题班会活动有利于学生能力的培养。

学校教育除了帮助学生学习学科知识，提高学业成绩以外，还要帮助学生了解和掌握参与各种活动的综合能力。主题班会活动便是锻炼学生组织、合作、演讲、表演、辩论等能力的极好机会。在这一过程中，学生能实践他们所学到的知识，在与他人互动和交流中学会尊重、协商和互利，从而提高自己的人际交往、辨别是非和适应生活等方面的能力。

案例分享

人小力量大

在北京奥运会举办前夕，北京某校五年级6班开展了“我与奥运”的主题班会活动。同学们围绕“我是小学生，我能为奥运做什么”这个问题，积极思考，献计献策，最终形成了四套方案。根据方案，全班分成四个小队，分别开展了活动：

第一队是为一年级的弟弟妹妹们宣传奥运知识：为了符合一年级的学生特点，他们还扮演成福娃，把奥运知识变成了有趣的小节目。

第二队是去社区寻找不文明现象：他们对乱放自行车、在景区内钓鱼、招牌上的错别字都给予了纠正。

第三队围绕“绿色奥运”这个主题，对周围公园及街道进行了考察，向园林部门提交了一份“奥运场馆周边绿化建议”的小论文。

第四队向社区居民分发了自己绘制的从社区到各个奥运场馆的地图及最佳出行路线。

资料来源：邓红艳.小学班级管理[M].上海：华东师范大学出版社，2010：99.（节选）。

上述案例向人们展示了小学生围绕一个主题进行思考、商讨、献计和自主行动的过程。从这四个方案的提出到分组实施无不展现出小学生的思维和实践能力。这些活动将有助于学生从书本知识中走出来,联系生活实际,在与他人、社会交往过程中锻炼自己的能力。

其次,主题班会活动有利于培养学生健全的人格。

在传统的应试教育体系中,教师对学生评价的最重要指标是"考试成绩"。学生最重要的任务就是应付考试,这些考试往往是知识性的,依赖于重复练习和记诵。这种学习方式较为单一、独立,它主要由学生单独完成。长此以往,学生可能会拘于单独的知识学习而缺少与他人合作共事的经验和与同伴交流、表达和互动的体验。这种缺失可能会加剧学生的孤独感和无助感,不利于学生形成开朗、活泼的性格,也不利于他们建立尊重、友善、乐观、互助的人格。有经验的老师都有这样的体会:缺少活动的班级里人与人之间的关系往往比较疏远,而每一次成功的班级活动之后,班级的凝聚力都会有所加强。学生再没有比在集体的活动中显得更加生动活泼的时候了。一个完善的班集体活动能对学生产生强烈的心理效应和人格影响。从认识的角度看,它有利于集体中的每一个成员在对事物进行认识、判断和评价的过程中产生集体认同感。从情感的角度看,它有利于让每一个学生形成集体归属感。其结果就是,生活在一个健康积极的集体中的学生的情感更加稳定,在交往的过程中更富于合作精神。从行为的角度看,学生能从集体中获得让人意想不到的行动力量。比如在充满友善的集体活动中,一些平日非常腼腆的学生也会变得格外积极、大胆而开朗。①

小游戏

我们的好朋友

森林里想选出两个大家最喜欢的好朋友,被选出的这两个小动物不仅可以得到人类和所有动物的欢迎和尊重,而且还可以成为所有动物的好朋友,从此过上幸福的生活。

老师手上有10张纸条,每张纸条上面都有一种小动物以及它最

① 班华,陈家麟.中学班主任实施素质教育指南[M].南京:南京师范大学出版社,1999: 99.

典型的特点，请上10位同学，每人抽一张，抽到什么就扮演什么来参加竞选，老师可以把事先准备好的头饰带在他们头上。

参加竞选时每个人都只讲小纸条上所说的特点。可以说这个特点给自己带来的好处，也可以说给大家或整个森林带来的好处。演讲的人要站起来演讲，其他人在纸上记录演讲人所说的动物的名字和它具有的特点。

最后对照10种小动物的特点，写下你最愿意和它们做好朋友的两种小动物的名字。

公布评选结果，动物电视台的主持人现场采访：你最希望和哪两种动物做朋友？它有什么特点？你为什么愿意和它做朋友？现在你身边的朋友也是一些具有这些特点的人吗？

此游戏适合在中低年级开展。

资料来源：寇彧主持的教育部“十五”重点课题“中小学品德的发展测评及德育手段研究”成果之一，引自邓红艳.小学班级管理[M].上海：华东师范大学出版社，2010：105.有删改。

再次，主题班会活动有利于促进学生的自我教育。

对学生进行教育的最终目标应该是实现学生的自我教育。叶圣陶先生曾经说过，“教是为了不教”。这不仅仅是一个学科教学法的问题，也应该是我们从事教育的最一般的、最基础的观念。实现自我教育、达到教是为了不教的目的，实质上也就是要求学生更好地完成社会化的过程，更快地成为具有自律素质的合格公民。但是，促进学生的自我教育不能只是停留在观念的层次上。作为班主任，必须通过外部的、实践性的活动实现从教育到自我教育的转化。[①]这种转化至少包含两个因素：其一，主题班会活动为学生提供主动思考和处理具体问题的平台。通过思考，学生能够更加清楚地了解自己对某一事务的看法和价值观。这是自我意识形成和建立的重要环节，也是自我教育建立的前提。其二，主题班会活动能够增加学生的自信心。学生在主题班会活动中能够充分地表达自己的想法，并得到别人的尊重或认同。这种表达对学生的思想成熟和自信培养

①班华，陈家麟.中学班主任实施素质教育指南[M].南京：南京师范大学出版社，1999: 99.

有着重要作用。只有思想成熟和富有能力的人才有可能对自己的人生负责,才能实现自我教育。

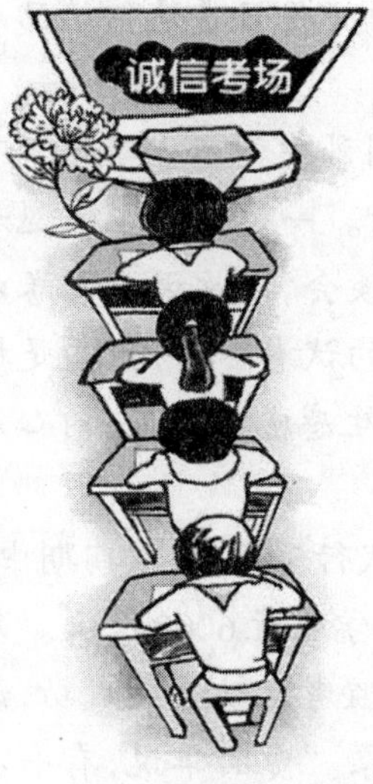

无人监考 诚信自律

中小学期末考试刚刚结束,不少学生对老师监考之严记忆犹新。但浦东川沙中学与大多数学校不同,连续5年试行无人监考,鼓励学生诚信自律,从源头根除作弊现象。

上周记者到川沙中学采访时,高二年级正在进行物理考试。教学楼三楼一间教室里,来自高二各班级的20多名学生正埋头答卷。考场内没有监考老师,看到有老师在教室外巡考,不少学生只是抬头看一眼,又继续低头答题。考试结束铃声响起,最后一排4名同学收取试卷,交给场外老师。

高二(10)班的朱莉莉说,这已是她第六次参加无人监考考试,并担任考场负责人。无人监考考场由学生"自助":提前15分钟领试卷、开考前发放试卷、宣布开考和结束考试、收考卷……"一开始心里没底,担心突发情况或者出什么差错。但参加过一次后,大家就熟悉规则了:试卷上有不清楚的地方,中途老师巡考时可举手提问。提早交卷时要轻声离开教室,用粉笔盒等重物压住试卷。同学上厕所会自觉错开,一个回来一个再去……考场秩序甚至比有人监考还好。"

据透露,川沙中学无人监考分为集体申请和个人申请两类。集体申请以班级为单位,某学科考试全班无人监考。以本次期末考试为例,高一(4)班、(8)班,语文考试无人监考,高二(1)班的语文、英语两门学科无人监考。至于个人申请,则是学生以"散客"身份自主提出申请。本次期末考试高一近40名、高二20多名同学进入无人监考考场,所有科目均实行无人监考。

作为学校推行诚信教育的举措之一,无人监考也是川沙中学学生参评三好学生、优秀学生干部等的必要指标。校长陈忠新说,为避免形式主义，无人监考并非强制性举措，而是由学生自愿申请，学校审批后实施。高二(8)班的赵畀怡说："所有申请参加无人监考的同学，都要拿到全部学科老师的签字，经班主任、年级组、学校同意才能获准。因此，有资格参加无人监考考试，相当于一份日常诚信的品质鉴定，更是一种荣誉。"

无人监考全凭学生自觉，能行吗？开始，川沙中学不少老师也有担忧。校长助理费羽华说，实践证明完全可行。一是老师中间巡考一次，查看考场秩序；二是每次考试后召开座谈会，回收调查问卷以了解考场情况；三是看试卷，因为互相抄袭者的试卷会雷同；四是提前公布举报电话，欢迎学生举报。"关键是让学生感觉被信任，内心产生自律和诚信。"

自2007年至今，川沙中学"无人监考"已试行5年，每学期期中、期末考试均设无人监考考场，累计17次，参加学生近6000人次。每次问卷反馈中，均有超过95%的学生认为无人监考活动开展成功，认为"考生能够做到自觉自律，没有出现舞弊现象。"费羽华说，有一次有学生发短信，举报前面一同学时常低头看桌洞，怀疑抄袭。调查发现，那个学生在检查阶段习惯把试卷放在腿上看，所以只是"虚惊一场"。"我们也有压力，只要发生一次作弊问题，无人监考就将无法继续。好在多年推行，诚信风气已风行全校。大部分学生认为，能够成功参加无人监考，是对个人信用能力和学习能力的双重肯定，因此真心拥护。"

无人监考其实并非川沙中学的专利，国外很多名牌高校以诚信立身，试卷甚至可以带回家做。近年来，国内虽也有不少学校尝试无人监考，但却难以持续，其中有老师思想保守的原因，也有部分学生缺乏足够自律，导致无人监考走样。

川沙中学无人监考连续试行5年，参加学生6000人次而无人作弊，应当归功于学校育人育心，做足内功——以充分信任激发学生内在的诚信之心，放手实践让学生感悟高尚风格，推崇荣誉让学生自觉自律。参加无人监考考试的学生，其感触朴素实在："学校给了我们百分之百的信任，我们当然要以百分之百的诚意回报这份信任。"德育入心，或许是“无人监考”最大的成功之处。

资料来源：李爱铭.无人监考：“让学生感觉被信任”[N].解放日报，2012-1-11.

（二）主题班会活动在班级管理中发挥的作用

班级管理是每个班主任和班级同学所面临的重要问题。良好的班集体具有一些共同的典型特征，如良好的班风、较强的班级凝聚力、融洽的师生关系和生生关系、普遍发展较好的班级成员等等。如何才能建设一个积极进取、团结友爱、富有热情和凝聚力的班集体呢？其中一个较为重要的手段是通过开展主题班会活动，引导学生在思想和行动上达成相对一致，联结成牢固的班集体，增强学生的集体荣誉感，从而培养学生参与管理的主人翁意识，增强班级的凝聚力。具体来说，这些好处包括以下几个方面。

首先，主题班会活动是增强班集体凝聚力的黏合剂。

班集体的凝聚力是衡量班集体教育力的重要标志。一个散漫的、无组织、无纪律、无情感的班集体很难称为严格意义上的班集体。真正的班集体不仅是成员的“集合”，还需要成员与成员之间具有吸引力、向心力和情感融合。它主要包括以下内容：1.班级认同感，即班级成员对班级的物质环境和精神环境表示认可和喜爱，成员愿意尊重班级的各项规章制度，愿意服从集体的共同利益。2.班级归属感，即班级成员能深刻认识到自己是班级的成员之一，与班集体之间存在着荣辱与共的关系，并因为自己存在于班级中而感到舒适和满足。3.班级人际关系，即班集体的师生关系和生生关系融洽、和谐，同学之间能够真诚、友爱，相互帮助。这种人际关系是表征班集体凝聚力的重要指标之一。主题班会活动在班级凝聚力的形成过程中起着非常重要的作用。一方面，主题班会活动通过全班同学的共同参与，促进班级成员之间互动。在互动合作过程中成员之间相互交流、彼此理解，从而增进了友谊。另一方面，主题班会活动在班级日常管理过程中为学生提供了管理班级和自我管理的契机。这种参与性大大提高了学生的主人翁精神。因为班级的各项事务和决策都有学生思想的体现，因此，成员能深刻地感受到这是“我的”班级。这种归属性能够提高班级成员对班集体的认同感和归属感。

第一，形象设计系列。

(1)理想中的我们班是什么样

(2)我们班就是不一样

(3)我们班的性格

(4)我们班的特长

(5)我们班的周报

(6)我们班的班歌

(7)我们班的班旗

(8)我们班的班徽

(9)我们班的名言

(10)______的我班

(11)老师喜欢的班集体形象

(12)我们喜欢的班集体形象

(13)我们最喜欢唱的歌

(14)我们最喜欢的活动

(15)一条建设个性化班集体的建议

第二，参与创建系列。

(1)怎样使我们的班讨人喜欢

(2)请你唱首歌颂班级的歌

(3)请你吟诵一首歌颂班级的诗

(4)给自己班级画一个像

(5)我们的友谊班

(6)我们班的口头语

(7)我们的金色图书馆

(8)跨出艰难的一步

(9)锤炼我们班的现代化性格

(10)我们班的创建日记

(11)给集体写评语

(12)走向成功

(13)夸夸我们班的老师

第三,提高自己系列。

(1)创建个性化班集体中的我

(2)我在集体中成长

(3)国旗下的演讲:创建班集体中最打动人心的故事

(4)发生在创建班集体中最打动人心的故事征文比赛

(5)我们有一套成功的学习方法

(6)创建个性化班集体文艺汇演

(7)我的收获

(8)创建个性化班集体颁奖大会

资料来源:赵海霞.班集体建设智慧与策略[M].长春:东北师范大学出版社,2010:95-97.

其次,主题班会活动能够促进良好班风的形成。

班风是班集体成员共同具有的思想行为作风,也称之为组织人格。它是经过长期细致的教育和严格的训练在全班师生中逐步形成的一种行为风气,一种不易更改的习惯势力。它通过群体成员的思想、言行、风格、习惯等诸方面表现出来。它虽然是一种摸不着、测不到的精神状态,但班集体成员随时随处都可以感到它是一种强制力很强的力量。班风是一种巨大的教育力量，良好班风和正确舆论总是相辅相成、相互强化、相互影响，成为无形又无声的教师。它使在其中工作、学习的学生，人人都成为教育者和受教育者双重身份，为班级每个学生成长、发展提供一种有效的动力和压力。[1]主题班会活动能够在班风建设中发挥重要作用。很多班主任借助一次或多次主题班会活动塑造良好的班风。围绕班风建设的主题班会活动一般包括：班规制定、班级外部环境布置、班级文化创设、班级学风建设等等。班风的塑造几乎关系到班级管理的各个方面，因此，围绕班风开展的主题班会活动丰富多样。

经验交流

精心设计主题班会 加快良好班风的形成

如何设计主题班会，使这种传统的教育形式常用常新，真正起到教育学生的目的，是每位班主任开学伊始制定工作计划时要认真考虑的。我在接手初一班主任工作之初，考虑到初一上半学期的主要工作是尽快形成良好的班风，根据每个月的工作重点，设计了以下四次主题班会。

一、夸夸我自己。

学生刚升入初中，他们好奇、兴奋、紧张，无论是何种层次的学生都会自觉或不自觉地掩盖起各自的缺点，展示自己的优点、特长，每个人的心里都有一个新的目标。这是我们实施教育的大好时机，这时召开主题班会“夸夸我自己”最为恰当。在会上，人人发言，只谈优点，免谈缺点。小学得到过锻炼的小干部们侃侃而谈，老师可以从中发现班委苗子；不敢大声发言的学生，可能是自卑，可能是胆小，老师要在今后的工作中多加鼓励，为他们创造锻炼的机会；一开口就是“我这个人没什么优点”，可能是在小学比较调皮，老师批评得比较多，丧失了自尊和自信的学生，班主任要不歧视他们，多关注他们，随

① 涂光辉等. 班主任工作技能[M].长沙：湖南师范大学出版社，1996:32.

时提防恶习的萌发。通过这次活动，让同学们尽量发扬自身的优点，自觉地抑制自己的缺点。再结合学习《中学生守则》及《学校达标管理条例》等，学生心中便有了自我完善的目标。

二、国旗在我心中。

为帮助学生明确学习目的，端正学习态度，珍惜学习时间，增强"攻关"意识，提高学习的自信心，我从理想教育入手，结合"十一"国庆节，召开主题班会"国旗在我心中"。事先要求学生广泛查阅资料，查找数据、图片等。及时由学生代表发言，收到了预期的效果。还配合这次主题班会出了一期黑板报，要求每个学生做一份剪报，全体同学坚持收看《新闻联播》，让祖国在心里扎根。

三、告别不良行为。

班主任不仅应该关心学生在学校的表现，还必须注意培养学生各方面的良好习惯，提高学生文明水平及综合素质，让好的习惯伴随他们的一生。基于上述想法，在学期过半，同学之间已互相熟悉时，着手准备主题班会"告别不良行为"。先请家长和学生一起学习《昆明市中学生日常行为规范》40条，并请家长逐条对照写出孩子在家的表现，结合全班同学的推荐，评选出班级的十位"文明之星"。在此基础上，请校领导及全体家长一起参加我们的班会，会上给十位"文明之星"献花，并请他们的父母在会上介绍教育子女的经验。家长普遍认为这个班会在教育孩子的同时，也教育了家长。

四、做班级的小主人。

学期接近尾声，随着各项活动的开展及班级各种荣誉的增多，同学们热爱班集体的思想也在加深，心中都在默默地绘制着优秀班级的蓝图。此时，结合政治课的有关内容，我召开了本学期最后一次主题班会"做班级的小主人"。事先由全班同学写稿，提出优秀班级应形成什么样的班风，以此为基础，精选出12位同学在会上重点发言，还评选出15位班风提得比较好的同学。经过大家讨论，我们的班风是："团结、勤学、求实、自信。"这次班会，同学们投入了极大的热情，其收效远远比老师或少数班委制订一个班风强加给同学好得多。

此外，我还利用一些典型事例教育学生。先后召开了"谈电子游戏的危害”、“学习小英雄董海东”、“防火自救大家谈”等主题班会。这些主题班会也收到了较好的效果,加快了良好班风的形成。

资料来源:陈安.精心设计主题班会 加快良好班风的形成[J].云南教育,1998.Z2:20.

再次,主题班会活动能够通过发挥集体的智慧和力量,从而有效地调整学生思想和行为。

由于中小学生的生理和心理都在不断地发展和变化过程中,他们的人生观、价值观和行为习惯等都没有完全固定。因此,学校教育对学生的思想和行为塑造方面的能力较强。学校的塑造途径除了通过课堂教学、课外活动等形式以外,还有另一个重要的途径就是班级的主题班会活动。班会活动可以让学生们畅所欲言、分享自己的感悟和思考。在不同的观念交锋、辨明和沉淀过程中,每个同学都会寻找自己的观点和其他同学观点的差异,并在思维拓展的过程中更加全面地思考问题,调整自己原先的想法,得出相对合理的、正确的观点。这种转变过程对于学生的发展有着深远的意义。他们将学会从他人的角度思考问题,会发现同一问题有着不同的解读方式,会感到仅从自己的角度考虑问题并不周全。在思想碰撞、分享、提炼和塑形的过程中,学生将逐渐开始自觉地重塑自己的思想和行为。这种由内而外地转变是深刻的。相对于教师的由外而内的影响来说,自觉形成的思想和行为更容易为学生所接纳、认可和信任。

技能学习

如何运用主题班会开展班级管理

我在刚开学的摸底考试中发现有作弊现象。这对学生今后做人、做学问都是很有害的。怎样才能真正地从思想上帮助学生认识这问题的严重性呢? 是在班上讲一通道理,还是简单粗暴地批评几句? 最后我选择了主题班会,建议班干部主持了两次以“由作弊想到的”为主题的班会。

班会上，我首先强调这是一个“谈心会”，目的不在于批评谁，而是通过大家的思想交流，分清是非。在今后学习中摆对自己的位置，实实在在地学点知识，成为社会的有用之才。事先准备好的班干部纷纷发言。由于情真意切，会议气氛逐渐平和，学生们谈到自己作弊的原因和认识：(1) 以前学习好，不会作弊，后来因贪玩等原因，成绩下降，虚荣心的驱使萌发了作弊的念头，但作弊时心情的确不好受；(2)环境影响造成，有些学生学习不努力，但凭着作弊照样有好成绩；(3)父母要求太高，为了应付父母而采取的对策等。

讨论完后，我首先肯定了他们敢于承认错误和剖析自己的勇气。接着分别以3种情形引导大家共同认识到了“作弊”的危害性，同时提供了一些克服困难的建议和方法。师生坐下来平等交谈的氛围真好，这使得学生很容易接受教师的正确引导。班会课上大家都表示要努力学习，充满自信地走进考场。对于父母脱离实际的要求，我主动与家长联系，使之逐步缩短距离。实践证明，现在我班的这种现象大有改善。这对班级讲正气、树新风，创造一个公平竞争的环境起着促进作用。我平时布置的作业不能全面地反映学生的思想状况。为此，我在班级中设立了一座师生之桥，为了更贴近学生，取名为“悄悄话”，即“周记对话”。“悄悄话”一周一次，我都认真观阅，并作出很负责的评语，同时向学生承诺，对他们的“心里话”保守秘密。因而我既是他们的老师，更是他们的朋友。周记对话效果很好，有些学生就是因为一两句鼓励的话语，一个体会的共鸣，增强了他们的自信，增进了师生的友谊，同时加强了集体的凝聚力。对“悄悄话”中谈到的普遍思想，我不点名地放在班会课上来讨论，通过集体的力量，加强思想意识的锤炼。曾有位学生在“悄悄话”中暴露出“学习难”的情绪。我考虑到这种“厌学”思想对孩子们成长的影响，于是在“人生能有几回搏”为主题的班会课上，给他们读了一遍关于世界数学奥林匹克竞赛中获金奖的金安鹏同学的事迹。金安鹏同学不畏艰难困苦的拼搏精神激励着在座的每一位学生，使学生们认识到学习是一个长期艰苦的过程，需要有坚强的毅力、不懈的努力。针对家长们常反映子女与他们不易沟通的现象,我结合学校开展“五心”教育活动班会。一方面请一位家长代表所有家长写了一封致子女的信,信中讲到了他们养育的艰辛及对子女的希望。读完信后,我鼓励学生们向父母讲一点自己的心里话,有位女学生讲到了她常与父母争吵,直到父亲病重动手术之时才感到后悔。她的肺腑之言将整个班会课推向高潮,很多学生都有同感,流下了热泪。此时,我也有感而发地谈了自己为人父的体会:对子女别无所求,只要你过得比我好。同时,从家长的身份提出了希望,引导他们从自身认识自我,与父母取得沟通和理解。事后很多家长反映他们的子女这方面进步很大。有组织、守纪律是一个良好的班集体应必备的,为了严明纪律,当然要有切实可行的班规管理,但更重要的是让学生从思想上解决问题,双管齐下,才能真正地搞好班级纪律。有一段时间,班上有几个学生经常迟到,班规的约束也显得力不从心。我在班会上首先引导学生认识到不守时这个坏习惯不但对自己的个人发展不利,而且严重危害班集体的荣誉。接着提出主题:作为班集体的一员,你应该为此做点什么?学生们围绕主题各抒己见,提供了很多好的建议和方案,使我深受启发,也采纳了他们好的建议和方法。这样让学生以主人翁的身份参与班级管理,师生相互促进共同提高,从而达成一种默契,使得班规执行起来,最大限度地得到学生的理解支持,更重要的是使学生变“被动管理”为“自己参与管理”,从根本上解决了思想问题。

资料来源:李洪灿.班级管理中主题班会的运用[J].校长阅刊,2007(5):60.

第三节　新时期主题班会活动的特殊性

主题班会活动从根本上讲是一种德育形式。这种德育形式不可避免地受到宏观社会文化背景、教育改革背景以及青少年文化变迁的影响。因此,本节将考察我国社会转型期的价值观变迁以及当前青少年文化的特征等内容。

一、社会转型与价值观变化[①]

当前我国社会转型带来了社会文化价值观的变迁，这种变迁在根本上改变了人们的思想和行为方式。社会现代化不仅造就了物质环境的现代化而且也造就了人的现代化。按照英格尔斯的理解，“现代人”指的是一个具有十二种优秀品质的人的形象，例如：乐于接受新的观念和行为方式、准备接受社会改革和变化、思路广阔头脑开放、守时惜时、有个人效能感、充满信心等等。[②]除了这些优秀的品质之外，还有一些为人所诟病的现代社会中的人的危机，如人们对物质的极大诉求、人异化成“生计组织”的一部分[③]、人的各种心理危机等等。复杂情况共同构塑着现代人的思想和道德。

从我国当前的社会现实来说，计划经济向市场经济的转变不仅仅改变了人们的生产、消费和生活方式，而且改变了人们的思想和行为方式。随着市场经济的发展，价值冲突则集中于利益和伦理的冲突。这些冲突产生于社会结构性变迁过程之中，它是本源性的价值冲突，是关于什么是好，什么是善，什么是对，什么是应当，什么是幸福等问题的重新思考。在新的价值体系确立以前，人们似乎难以找到行动的标准，各种理论或思想不过是人们为自己的行为寻找借口的庇护所。人们能够为自己的行动，甚至是完全反向的行动找到合理性的理由。这种情况导致了形而上学意义上的意志统一性发生解体，各种价值之间出现了竞争，而且无法再用一种高高在上的统一秩序来消除这种竞争，生活领域相互之间出现紧张。[④]人们暂时丧失辨别是非对错的标准，完全对立的思想或行为在不同的逻辑体系中可能都具有合理性。比如按照“差序原则”，人们应该主动给老

---

① 青少年的文化特征是一个极其广泛的研究范畴。本书仅仅把青少年文化特征作为思考德育和主题班会活动的背景进行简单的论述，目的是邀请人们在思考主题班会设计时关注社会文化变迁和青少年文化价值观的影响。因此，这部分的论述不过多地展开。

② 阿历克斯·英格尔斯. 人的现代化[M]. 殷陆君，译. 成都：四川人民出版社，1985：22.

③ 张汝伦. 如果泰戈尔今天来华[J]. 读书，2011. 3.

④ 哈贝马斯. 交往行为理论[M]. 曹卫东，译.上海：上海人民出版社，2004：234.

人让座，但是按照“公平原则”，人们可以不给老人让座。[1]还比如众所周知的“范跑跑事件”，人们可以从制度（教师身份）和伦理（道德责任）的角度来批判他不负责，但是从利益的角度来说，他不必然承担帮助“他人”避难的责任。

小讨论

这笔钱，该赚吗？

小明和小方是同桌，平时关系很要好。一日小方看见小明用了一支新圆珠笔，觉得很好看。于是问小明从哪里买的？多少钱？小明说：“从家门口小店买的，两元一支。”于是小方请小明代买一支笔。

小明去小店和老板说这是第二次买，想要便宜一点。老板同意以一块五的价格卖给小明。

小明很开心，拿着5毛钱回家对妈妈说：“今天我赚了5毛钱。”

妈妈很困惑，因为按照妈妈从小接受的教育，她认为同学之间相互帮助是应该的。5毛钱应该还给小方。

讨论：如果你是妈妈，你如何对小明说？

二、当前我国青少年的文化特征

新时期青少年的文化随着转型期社会价值观而产生了一些特殊的变化。人们常常用“独生子女综合症”来概括当代青少年的特征。这一概括隐含一些用以描述青少年特征的词，如自私、叛逆、浪费、怕吃苦、霸道、缺乏合作精神、个性张扬、独立、追求自我等等。人们可以在生活中轻易地比较出青少年与他们的父辈和祖辈之间的诸多差异。我们可以从青少年消费文化这一维度来管窥青少年的文化特征。

改革开放以来，人们能够体验到的最深刻的社会变化就是市场经济的发展以及商品的极大丰富，人们选择商品已经不仅仅是为了满足日常

① 针对“公交车上要不要给老人让座？”这个问题，作者在2009年参与教育部“青少年一般状况调查研究”课题的时候访谈过一名高二的学生。他认为没有必要让座，因为座位是自己排队得来的，让座是对自己的不公平。

生活所需，而是为了彰显自己的社会地位或个人价值观。人们通过选择不同价值的商品进行社会纵向分层；同时通过选择不同风格/类型的商品进行社会横向分层。由此，商品消费成了标识个人文化特征的重要手段之一，这种手段在青少年文化定位中应用得尤为普遍。班建武博士在《符号消费与青少年身份认同》一书中援引了多项调查论证青少年的消费文化特征，如麦肯锡公司2006年7月发布的一项最新调查显示（丁峰、陈刚，2006），中国城市青少年每年的零花钱高达600亿元，而家庭每年在青少年子女身上的花费近2 300亿元，消费总额达2 900亿元。该项调查将青少年分为“时尚型”、“好孩子”、“休闲型”和“穷孩子”四大类，并根据每个类型的特点量化消费能力。随着青少年消费能力的提高，消费及其意义也逐渐发生了变化：消费的目的不仅是为了满足需要，而且还要能够充分地表现自我、张扬个性，要能跟得上时代发展的潮流。除了使用价值以外，商品的另外一种价值属性——符号价值正受到当代青少年的重视，并开始被他们有意无意地纳入了自己的消费决策中。2000年，国家统计局所属的新生代市场监测机构的调查显示（魏颂，2004）：青少年群体中普遍存在着追求时尚、追求名牌的行为。耐克、阿迪达斯、彪马等世界知名运动鞋和苹果、LEE等世界知名休闲/牛仔衣，都是青少年所向往的。有30.1%的中学生表示，他们拥有耐克运动鞋，有18.2%的中学生拥有苹果牌的休闲/牛仔衣。国产商品中，李宁牌运动鞋的拥有比例高达23.6%。另据报道（郑学文，2005），目前青少年在消费方面呈现出以下特点：饮食消费跟着广告走，服装消费跟着名牌走，娱乐消费跟着新潮走，重复消费不再老土等等。[①]

拓展阅读

小学当代主流价值观调查研究

一、关于热爱祖国的调查。

1.小学生总体上对中国传统节日的认同率不高，甚至低于圣诞

① 班建武. 符号消费与青少年身份认同[M]. 北京：教育科学出版社，2010：绪论3.

节，小学高年级对中国传统节日的认同比小学低年级稍强。

2.在国际比赛中，大部分学生有较强的国家荣誉感，仅有极少数人显示出不关心。

3.对祖国的科技发展，大部分学生有自豪感，仅有极少数人显示出不关心。

4.对国家政治的关注，大部分学生是有时关注，有少部分同学从不关注。

5.在对小学生爱国的知情意着重点上，大体上呈平均趋势，爱国情感、爱国意志略高。小学高年级爱国情感比小学低年级略强；同时小学高年级的爱国意志比小学低年级稍弱。

6.在对小学生爱国两难情景中的选择中，有少部分人选择“保住自己的生命，交出国家机密”。大部分学生选择“坚决不交出机密，不能让国家利益受损害”，小学高年级比小学低年级选择“犹豫不决”的增多；同时小学高年级选择“保住自己的生命，交出国家机密”的人与小学低年级相比呈下降趋势。

二、关于服务人民的调查。

1.对于处于劣势地位的工作，小学生们都很尊重，很少有歧视的看法。在认知层面上，大部分小学生认为像清洁工这样的工作是必要的、不是丢人的职业。

2.对于是否愿意帮助需要帮助的人，多数孩子的表现很积极，很愿意向他人伸出援助之手，然而，也有一小部分同学表示没有想过或不会，这是不容忽视的。

3.对于是否会主动让座这一常见现象，近九成以上的小学生表示愿意“主动让座”。

4.对于参加志愿者活动，近一半的同学表示没有参加过，相当比例的学生也只是有时参加，经常参加的学生则很少。

5.对于是否要为人民服务这一项意愿的调查，大部分学生表示愿意或决定这样做。

三、关于崇尚科学的调查。

1.星座的说法是否科学，选择“科学”的学生占32.5%，选择“说不清”的学生占33.8%，选择“不科学”的学生占33.7%，这说明只有1/3的小学生能理性、科学地看待“星座学”，清醒地认识自己，积极地对待生活。

2.对“有人到庙里烧香拜佛求神保佑”的态度，认为“对”的学生占29.1%，选择“说不清”的学生占29%，选择“错”的学生占42%。

3.对“我们要崇尚科学”态度，选择“我知道这很重要”的学生占25.2%，选择“我愿意这样做”的学生占35.8%，选择“我决定这样做”的学生占39%，选择后两项选项的人数明显高于前一项。

4.当问及“有人跟你说他遇到鬼了，你相信他说的话吗?”时，选择“相信”的学生占2.2%，选择“说不清”的学生人数占4.9%，选择“不相信”的学生占92.9%。

5.当问及“某风景点，敲击塔上的石块就会产生蛙鸣的声音，你认为这是什么原因?”时，选择“自然现象”的学生占74.9%，选择“不知道”的学生占21.8%，选择“神灵的作用”的学生占3.3%。

资料来源：赵志毅.中小学当代主流价值观教育研究[J].南京师大学报(社会科学版)，2011(7).(节选)。

本章小结

本章包括三节，第一节阐述了主题班会活动的概念和特征。从本质上来看，主题班会活动是德育活动的一种。因此，主题班会活动的目标应具有道德指向性，其内容应该蕴含着道德价值，其开展过程本身应该是符合道德的、富含人性的。第二节主要论述了主题班会活动的类型和意义。本节按照实施目的、组织形式、开展周期和主持人的不同把主题班会活动分为不同类型。同时论证了主题班会活动对学生全面发展的意义以及对班级管理的作用。第三节论述了新时期主题班会的特殊性。这种特殊性主要表现为社会转型期与价值观的变迁以及我国当前青少年文化特征。

思考题

[1] 主题班会活动的特征有哪些?

[2] 举例说明主题班会活动对学生成长的意义。

[3] 如何理解新时期主题班会活动的特殊性?

参考文献

[1] 檀传宝. 德育美学观[M]. 北京:教育科学出版社,2006.

[2] 高德胜. 道德教育的时代遭遇[M]. 北京:教育科学出版社,2008.

[3] 班建武. 符号消费与青少年身份认同[M]. 北京:教育科学出版社,2010.

[4] 乔建中. 班级德育理论与操作[M]. 南京:南京师范大学出版社,2007.

进一步阅读文献

[1] 王晓春.做一个专业的班主任[M]. 上海:华东师范大学出版社,2008.

[2] 练丽娟,赵云花. 爱心与耐心:班主任基本素养与技能[M]. 上海:学林出版社,2009.

[3] 刘素梅. 班主任德育修炼美学[M]. 长春:东北师范大学出版社,2010.

[4]李德善. 神奇的教育场:打造特色班级文化创新艺术[M]. 重庆:西南师范大学出版社,2011.

第二章 开展主题班会活动的原则与方法

第一章介绍了主题班会活动的基本概念、类型、意义等内容，在了解这些基本问题之后，第二章将介绍主题班会活动设计的基本原则与方法。这些原则和方法具有普遍性，它并不针对特定的主题班会活动而言，而是从一般意义上阐述开展主题班会活动应该遵循的原则以及可供使用的主要方法。

第一节 开展主题班会活动的原则与步骤

中小学主题班会活动的设计与实施过程中存在一些问题，如在观念上，有些教师把主题班会理解为被迫实施的任务，因为学校或相关部门要求班主任开某些主题班会，所以才开。这种被动的德育观念使得主题班会成为一种负担，直接导致了主题班会实施过程的形式化。有些班主任把主题班会课上成了"政治课"、"批斗课"、"说理课"，还有一些班主任在主题班会活动开展之前缺乏准备而一味地让学生发挥，造成主题班会缺少核心主题和运行逻辑而成为"茶话会"和"漫谈会"。在主题班会的内容选择上，有些内容离现实太远，缺乏与当代学生生活经验的联系，尤其是一些被安排的主题，缺乏与学生生活实际的链接，显得空泛、抽象、教条。在主题班会的组织形式上较为单一、刻板，缺乏活动性和学生的参与性，从而使主题班会难以深入学生的心灵。

一、主题班会活动设计的原则

在诸多的学校教育形式中，主题班会是以一定的主题为中心而召开的班级会议。它是班主任对学生进行集体教育和学校建设人文校园的有效形式和重要载体。设计、指导、组织、实施、评价主题班会活动,是班主任的一项必修课和基本功,也是学校德育工作的重要组成部分。[①]中学特级教师肖志农在《试论主题班会活动的设计与实施》一文中较为全面合理地概括了主题班会的设计与实施的八大原则。

(一)教育目的的明确性

为什么要开这个主题班会?这是首先要解决的问题。目标的确立要符合三个层面的要求,即一是党和国家对青少年学生健康成长、全面发展为"有理想、有道德、有文化、有纪律"的社会主义劳动者、建设者、接班人的"一般"培养目标;二是学校办学特色和育人目标的"特殊"目标,如某校提出的"具有厚博知识的现代人,具有国际视野的中国人,具有高尚品质的文明人";三是班级在贯彻落实国家和学校的培养目标时根据本班实际提出的"个别"的"育人目标"或"意识境界"等。这三个层面目标,就成为设计主题教育活动的总要求,所有的具体主题都是围绕着总要求进行的。

(二)参与主体的全员性

人文校园建设要提高学生的自我实践、自我认识、自我创新和自我教育能力,需要发挥学生在主题班会中的主体作用。因此,在把握班会的方向和主题,提出设计构想的大致意图和给予积极的物质、精神方面的支持外,主要应做好以下三方面工作:

首先,启动和激活学生参加班会活动的兴趣和需要,说明并强调召开这次主题教育活动的重要性与必要性。

其次,在班会的准备、组织和开展中,班主任要充分信任全体学生,鼓舞学生和大胆任用学生。在每次筹划过程中,其核心成员(包括主持人)都要有所流动和变化,避免让同学们认为这只是某些人的事。要把平日的教师讲台变成今日学生展示的舞台,这样学生通过自己准备、组织和参与,也就会在潜移默化中增进学生的认识并培养其实践能力。

再次,坚持分工协作、集体筹划、人人参与、分组展示的策略。既围绕主题目标,又有每组成员的创新与智慧,且因有他们自己的展示而人人格

① 肖志农. 试论主题班会活动的设计与实施[J]. 中小学教师培训,2010(11).

外重视。这样，主题教育活动的筹划和准备过程实际上也是达成教育目标的过程。

（三）教育契机的适时性

教育契机的选择与把握，对主题教育目标的达成意义重大。这要求教育者要具有敏锐性，要根据国际国内形势发展、学校工作重点和学生的实际态势选择教育时机，做到"好雨知时节，当春乃发生"。要把握学生的思想脉搏和群体态势，把来自学生的信息融入教育教学活动中，或褒或贬，启其思想，从中悟道，切忌隔靴搔痒。善于准确把握教育时机，充分挖掘学生自我教育、自我管理的潜能。如新生报到后，我们为学生设计实施了"相逢何必曾相识"和"我们是一家人"的主题活动，较好地形成班级的"发展目标"、"制度文化"和"意识境界"方面的要求。又如，当法中关系由于某种原因受到一些阻碍后，我国民间出现了一些自发的"爱国"行动。如何引导学生做到真正的、理性的爱国？我们设计了"拿什么爱你，我的祖国？"的主题班会活动，在学生正处于爱国的感性迷茫的时候，让学生通过这一主题活动走出迷茫。当代中学生见多识广，信息刺激量大，但又往往面对师长的正面教育"闭目塞听"，其实，很多时候都与教育契机的把握有直接关系。

（四）主题表达的时尚性

有一种"雷人"的视听效应叫"标题党"。它通常被大众传媒的导读部分使用，指的是用一种极能引发人通过对标题的视听而产生的好奇或猎奇感，但真正观看后又大有被愚弄的感受的现象。"标题党"的错误之处在于它过于夸张和动机不正，而它的好处也正是在于它能在这个"信息疲劳"的时代首先把人们的注意力吸引过去。这无疑给了我们设计教育主题的表达以启示：主题的设计需要时尚。一些鲜活时尚的教育主题就出现在我们的活动中，如就网络利弊谈"'一网情深'喜与忧"；理想教育的"我的未来不是梦""二十年后再相会"；学习兴趣的"学海无涯'乐'作舟"；失败挫折后的"而今迈步从头越"；高二（下）的新学期"人生正道是沧桑"；"早恋"疏导教育的"涩涩的青苹果"；自信心自尊心培养时"你最珍贵"；互助教育活动"'心心点灯'请你帮我解心结"、"特别的爱给特别的你";文化修养教育的"感受爱——名篇诵读";时政与爱国主义教育"拿什么爱你,我的祖国——讲演与朗诵";奥运宣传的"五星邀五环,北京连四海";民族认同与传统熏陶的"中国传统艺术之美"等。当代学生又特别热衷于流行艺术形式,因而,主题表达中借用通俗歌曲的歌词就特显时尚。

(五)呈现形式的丰富性

真正的人文教育不是简单说教或严肃的训导,而是"明理"、"动情"、"导行"的"人文关怀"。思想是活动的灵魂,内容是活动的骨肉,形式是活动的载体。有的班主任在开展活动时往往让学生感到"没意思"或"没意义",在学生而言,"意思"即"形式","意义"即"作用"。我们为什么不能把"有意思"和"有意义"结合起来呢?因此,以什么样的形式展开也是成功的主题班会不可忽视的问题。

主题班会呈现形式应丰富多彩。其含义有二:一是"丰富"。主要指主题班会本身形式的丰富性。如论理式班会、演讲式班会、交流式班会、综艺式班会、竞赛式班会、辩论式班会、实践式班会、模拟式班会等。二是"多彩"。主要指环境布置、环节设置、情绪渲染、素材选择等带有色彩性的要素。同是一个主题的班会可用不同的形式展开,这就要根据学生对象,学校现有条件,选择一种最佳形式以达到最佳效果。班主任在设计和组织主题班会时不能总是使用千篇一律的模式,要把内容体现于多种形式的活动里。如激昂的辩论,有力的论理,动情的告白,才艺的展示,自己动手的环境布置,五彩缤纷的社会课堂,经典深刻的音画视频等等。这样能够使学生的思维力、想象力、创造力、鉴赏力以及他们的实际操作能力得到锻炼,起到综合教育的作用。

一般而言,国情类教育活动,宜采用实践调查为主的班会形式;在澄清学生头脑中模糊性认识时,宜采用演讲辩论式主题班会;在陶冶学生情操,展示学生才能活动中,宜采用综艺式主题班会等等。当然,要注意克服只有形式的花样百出,而内容却平淡低俗的不良倾向。

（六）情境设置的冲击性

主题班会在设计和实施时尽管需要全员全程的参与性，但必须有“期待之中，预料之外”的“秘密武器”和“重磅泪弹”。有些方面是除设计和主持者外都需要“保密”的情境设置。如一个精彩而有趣的环节，一份珍贵而朴素的礼物，一位神秘而亲切的嘉宾，一个温婉而动人的故事，一次善良而幽默的“揭秘”，一席有感而发的演讲，一次刻骨铭心的体验，一场心心相印的互动，一句真情无邪的告白，一种精心预设的“意外”……这些无不产生格外不同的教育冲击力。学生只有在深刻的“感受”中，才能被深刻的“感动”，进而有所“感悟”，使之“互动”，从而引导其“行动”。

（七）时间内容的系列性和序列性

学生既是我们教育的客体，也是我们教育的主体。作为主体，他们有着自身发展成长的规律和过程。作为教育工作者的教师，不仅只是一个塑造者的角色，更重要的是设计者、建议者、引导者、示范者、同行者。既然学生的成长与发展是一个过程，每个阶段又有其重点和特点，因此，主题教育活动的主题应该是系列性的，时间上是序列性的。可根据学生成长的不同年级段和时期，设计不同的系列主题，如交往、青春、理想、成长、困惑、亲情、友情、诚信等。时间上可有阶段性的，也有非阶段性的；有纪念性，也有非纪念性的；有计划性的也有临时性的等等。这样使我们的主题教育计划性和针对性相统一，避免盲目和杂乱，或疲于行政指令和形式的困扰。

在主题选择时不要回避学生成长的“敏锐地带”和“重大话题”，如“友情与爱情”、“青春期与性教育”、“生命的意义”等，对于中学生而言这些内容无论如何也是要涉及的。

（八）教育时空的延展性

主题班会的开展不应是人文教育的“形式秀”，而应发挥其教育的针对性、实效性、艺术性、持久性作用。有时候，一个主题活动的前期准备、如期举行、后期总结本身就具有教育时空的延展性作用；有时候，同一主题可通过不同时期、不同形式去逐步深化和升华；有时候，对已经进行过的主题教育效果有意识地检测与迁移等都是教育时空的延展和实效的体现。这方面可以作灵活的安排，包括对学生课外时空的利用和引导。如对“爱情如歌”这一主题就可以为学生提供课外读物、自我思索、心灵札记等方式进行。把上海市初中九年级语文教材（试验本）中的第二单元“爱情如歌”推荐给学生作为课外读物，然后写一篇心得或札记。整个单元五篇文章、两首诗歌全都围绕“爱情”这个“敏感”话题展开。苏霍姆林斯基《给女儿的信》说明爱情是崇高而不盲目的感情，普希金的《致凯恩》则是对爱情的讴歌，苏童的《老爱情》体现了爱情忠贞和相濡以沫，舒婷的《致橡树》和夏洛蒂·勃朗特的《“因为我们是平等的！”》则强调了爱情应当是平等的，而秦观的《鹊桥仙》则在“金风玉露一相逢，便胜却人间无数”的揭示爱情夺魂的魅力之后，提出了“两情若是长久时，又且在朝朝暮暮”的为事业、为和平、为祖国、为人类等大写的“爱情”。这样利用教材中的教育要素把“爱情”这一敏感话题让学生像谈论母爱一样自然地进行自我心灵对话，帮助学生走过“躁动期”，给教育补充“人文”的元素，从而达到良好的育人效果。

其实，我们的主题班会和教育活动说到底就是要把学生既看成是一种活化的“教育资源”，又要让这种活化的“教育资源”按照社会的主流意识和核心价值要求去发展而已。认真研究和综合开发这种“教育资源”，德育工作者应该是成功的发现者和开发者。

综上所述，教育目的的明确性是灵魂、是统帅；主体参与的全员性、呈现形式的丰富性和教育契机的适时性是教育目的得以实现的有力保证；主题表达的时尚性和情境设置的冲击性是教育活动有效实施的重要条件；而时间内容的系列性、序列性和教育时空的延展性则是为教育活动提供总的发展方向和内容依据。在设计、指导、组织、实施、评价主题教育活动的过程中尽可能地实践这些原则维度，以人为本，遵循教育规律，探索教育艺术，超越教育技巧，去追求“真”、“善”、“美”、“实”的永恒主题，将学生的生命感和价值感唤醒，在人文校园建设中促进学生健康和谐地成长。[①]

① 肖志农. 试论主题班会活动的设计与实施[J]. 中小学教师培训，2010(11).

知识链接

主题班会活动"三忌"

主题班会活动是班级生活的重要内容，是学生行为习惯培养和思想品德熏陶的日常教育形式。组织和指导学生开展主题班会活动是班主任的一项重要工作。衡量一次主题班会活动成功与否，除了要看这个主题班会活动是不是生动有趣，能不能激发学生的兴趣，吸引学生主动、愉快地参与，还要看这个主题班会活动对本班学生的行为习惯培养和思想品德熏陶是否具有针对性和实效性。针对性和实效性十分重要，突出了针对性和实效性，也才说得上发挥了主题班会活动的教育功能。笔者以为，要突出主题班会活动的针对性和实效性，作为活动组织者和指导者的班主任必须注意三"忌"。

一忌"表演"。

主题班会活动最能激发学生兴趣的是形式多样化和形式的生动活泼，因而一些班主任在组织主题班会活动时，往往非常重视主题班会的外在形式，而忽视了主题班会本身的教育意义。

有的班主任在组织主题班会活动时，尤其是在组织主题班会观摩活动时，认识上存在这样一个误区，以为主题班会就是一个展示活动，就是围绕一个主题搞一次让同行观摩的"综艺汇演"和"德育表演"。于是，他们在主题班会观摩活动之前，常常花很大工夫让学生一遍一遍地进行演练，甚至让学生将活动中的对白一字不差地背下来。这样做的结果，学生对活动的每一个环节了如指掌，表演得十分出色，但在整个活动中却不可能有深切的情感体验。这样的主题班会，除了展示一下学生的个人才艺外，其应该具有的教育价值则已经大打折扣。

其实，开展主题班会活动的目的，是为了围绕一个"主题"，通过生动活泼的形式对学生进行深刻的思想品德教育。引用课堂教学的三维目标来进行分析，主题班会的主要目标任务就是：围绕"主题"

内容，运用儿童喜闻乐见和丰富多彩的活动形式，让儿童吸收知识和体验感情，并由此形成良好的情感、态度、价值观。班队活动的生命力不在于表演展示，而在于认知和情感的交流，真情流露显得尤其重要。比如说，搞一个以“母爱”为主题的班会，可以组织学生唱歌，也可以组织同学跳舞，还可以组织学生朗诵诗歌，但终极目的都是一个：让参与表演的学生抒发自己热爱母亲的情感，以激起观看表演的学生的情感共鸣，懂得应当爱自己的母亲，懂得怎样去爱自己的母亲。这一活动的过程中，表演只是一个载体，所承载的是孩子们对母亲浓浓的爱。成功的主题班会应当具有现场生成性，尤其是具有情感交流性，而一旦主题班会变成一场表演，则会使这两种特性失去光彩。当然，主题班会常常采用文艺表演的形式，的确需要学生事先进行排练，但是，参与表演排练的学生一定要尽量保密，每一个节目应当分头准备，最好不要让其他学生事先看见。这样，才能保证主题班会活动在开展时，具有强烈的冲击力，使全班学生感到真实、新颖，产生深切的情感体验。

一位班主任组织一次“三八节献给母亲的贺卡展示会”，就非常注意保密工作，除几个参与评选的学生外，其他学生都不知道谁的贺卡可能被选作向同学们展示的作品，相互间也不知道别人的贺卡是什么样子。因此，在整个活动过程中，学生的兴趣浓烈，每个人的内心都充满了期盼。加之班主任注重引导学生在送卡时与妈妈交流，听妈妈述说收到贺卡时的内心感受，并请妈妈写下了自己的感言，所以在向全班同学展示贺卡时，学生不是单纯比谁的贺卡做得精美，而是更加注重母子真情的流露。一个学生向同学们说自己妈妈因正在出差，没能给自己在贺卡上写下“妈妈的话”时，难过得哭了；而当她讲述了自己和妈妈通电话的感人情景时，同学们都报以热烈的掌声。

二忌只抓“点”。

正是由于把主题班会活动当成了“表演”，所以有的班主任在指导学生准备一次主题班会时，往往把目光投向那些具有才艺的学生的“点”上，而忽略了大多数学生。于是，确定口才好的同学当主持人，让学过舞蹈的同学来跳舞，叫会唱歌的同学来唱歌。主题班会上，由这些学生来表演几个与“主题”沾边的节目，凑成了一台主题班会的节目。结果，主题班会成为了少数学生展示才艺的舞台，而多数学生则只是观众，不是主题班会的主角，只是陪衬。这种只突出少数“亮点”的“表演”式主题班会，不但对多数学生没有多大的教育和体验的价值，而且还可能无形中将学生分成了三六九等，对多数学生的心理产生消极影响。当我们明白主题班会不是为了“演”，而是为了有针对性地对学生进行思想品德教育而开展的，班主任理应全面了解所有学生与这一主题相关的思想行为，特别关注那些有困惑、有问题的学生，尽量给他们创造投入到这次主题班会活动中去的机会。这样，才能充分发挥主题班会活动多样性的特点，通过各种行之有效的形式激发学生的热情，震撼学生的心灵，促进学生的发展。

一个毕业班的学生准备开展一次“谢谢您，老师”的主题班会，班主任首先组织全班学生各自创作一首《献给老师的歌》，再整理成集体创作的长诗《献给老师的歌》作为活动素材。为了给每一个学生上台展示自我的机会，班主任让没有担任展示任务的学生每人上台朗诵两句诗，并把这两句诗留在台上，最后由上台的全体同学齐诵最后一段。这个活动环节赢得了应邀教师们的热烈掌声。全班学生欲表达对老师们的感激之情的冲动被激发出来，在班主任的倡议下，全体学生起立，向老师们鞠躬敬礼，再次赢得教师们掌声一片！

三忌缺乏“线”。

我们在组织和引导学生准备班会活动时，首先必须选择学生关注或困惑并能拨响学生心弦的主题，这样的主题班会活动才是能让学生有所思、有所感、认识有所提升的活动。我们知道，教育是一个长期复杂的工程，学生某一方面的良好行为习惯或品行的形成，不是一两次活动就能形成的。一次次主题班会活动，犹如一粒粒校园生活的珍珠，对学生的良好品行的形成起着重要作用。但是，这些珍珠必须用一条与本班学生需求相适应的德育主线连接起来，才能串成一条美丽的珍珠项链。然而，有的班主任组织和引导学生开展主题班会活动时，并不是根据自身班级的情况来设计主题，而是孤立地根据学校的要求或者是搞跟风性地确定主题。主要有这样两种情况：

一是活动主题完全与学生的实际需求分离，这种活动既花了师生不少时间，又没有实际针对性，是我们最忌讳的；另一种是活动本身能与学生的实际需求相联系，但每一次主题活动之间没有连续性，是断开了的。它们犹如一盘散沙，一会儿要求学生要这样，一会提出学生要那样，反而使学生无所适从，结果是什么良好品行都难以形成。这样的主题班会开得再多，也不能对一个班的班级文化建设起到强化作用，不能真正培养学生的行为养成。因此，我们搞主题班会活动，一定要注意前后活动之间的连续性、层次的递进性，把一个个主题内容做实、做透，这样才能让孩子们在一次次活动中不断反思自己的言行举止，不断强化自己在某一方面的正确认识，并最终养成良好的行为习惯。

一位老师新接手一个三年级班，他为了打造出一个具有团队精神的班集体，在三年级上学期分学月开了一系列的主题班会："向你介绍我"使彼此间有了较深的了解和认识，拉近了师生间、生生间的距离；"班纪班规我做主"让全体同学参与到班纪班规的制定中来，为班集体献计献策；"'班民'的权利和义务"讨论了是否只有班干部对班集体才有管理的权利和义务，普通"班民"的权利和义务又是什么，使大家的集体荣誉感大增；"分享的快乐"通过对一学期来在共同的班集体生活的回顾，思考同学之间应该怎样合作，体验分享的快乐。而将这一系列活动串联起来的主线，正是班主任"打造具有团队精神的班集体"的治班理念！

资料来源：徐卫.主题班会活动"三忌"[J].教育科学论坛，2008(4).

二、主题班会活动的步骤

有效开展主题班会活动需要按照以下步骤进行规划和实施。一般而言，主题班会活动步骤包括三个阶段：准备阶段、实施阶段和总结阶段。这三个阶段具体包括以下几个方面：明确主题、选择内容、设置情境、设计形式、实施活动、总结巩固。具体阐述如下：

（一）明确主题

主题需要依据班会活动开展的目的而定，目的不同，其主题、内容、组织形式、参与度和效果等都会有所差异。“为什么要召开此次主题班会活动？”是摆在每一个组织者面前的首要问题。对这个问题的回答应当尽可能清晰、明确、集中。因为明确的目的是班会主题鲜明、内容集中、重点突出、逻辑清楚的重要保证。因此，班主任及其他组织者必须明确主题班会活动的召开目的，做到有的放矢。根据不同的目的，确定班会的主题。

在目的的指引下，主题的确立可以考虑以下几个因素：

1. 以全面贯彻党的教育方针为根本宗旨。

班级活动作为学校教育的主要形式，必须全面贯彻党的教育方针，兼顾学生的品德、智能、身体、审美等各方面的健康发展。当前，在基础教育课程改革的背景下，应该特别注重以学生为本，注意创新精神和实践能力的培养。

2. 落实学校的教育计划。

班级活动的主体应依据学校的教育计划设计。每学期，学校都会对本学期工作进行具体部署和要求，班级活动应尽量与学校整体活动安排同步，以便学生在学校整体的活动氛围中获得更多的熏陶，更深刻地体会活动主题的蕴含。

3. 与时俱进。

班级活动可以围绕社会中的某些重大事件、流行思潮、热点话题确定主题。比如，当我国“神舟七号”载人航天飞船升空时，班级可以组织学生收看电视转播或录像，在观看和讨论中感受祖国的强大和科技的发展。

4. 针对本班学生实际。

班级活动应与学生的生活相关联，并能对学生的生活产生积极的影响。在确定活动主题前，班主任应关注学生在关心什么、做什么，学生的想法是什么，思考学生应该知道什么、应该做些什么，使班级活动与学生的年龄特征、思想实际相吻合。[1]

---

① 邓红艳. 小学班级管理[M]. 上海：华东师范大学出版社，2010：106.

小创新

给活动起个好名字

主题确定之后，给活动起个什么样的名称会影响到活动的成效。一般来说，这个名称要反映主题，能充分体现主题活动对活动的要求。主体名称切忌政治化，要直观、醒目、生活化、趣味化，使学生闻其名便有亲近之感。

教育主题	活动名称	教育主题	活动名称
节约	节约——你行，我也行	珍惜生命	安全自护，我能行
	行动吧，节约小天使		艰辛与汗水为生命喝彩
交通安全	珍爱生命，平安出行	诚信	我和诚信交朋友
	学做交通小卫士		诚实守信在心中
环保	今天我们怎么扔垃圾	挫折教育	阳光总在风雨后
	环保365，伴我文明行		我努力，我成功
民俗文化	欢欢喜喜闹元宵	爱国家	祖国的昨天、今天和明天
	话端午，忆端午，品端午		爱我河山
善待他人	与微笑同行	社会责任感	小小志愿者之旅
	老少同心，快乐同行		让劳动更有意义
文明上网	QQ：我的快乐，我的烦恼	民族团结	走进民族园
	科技知识网上行		民族文化村，快乐少年心
热爱家乡	家乡的桥，心中的桥	关心时事	我与“世博”零距离
	古镇寻“宝”		梦圆，迎奥运

资料来源：芮秀军.班主任班队活动管理艺术[M].长春：东北师范大学出版社，2010：166.

（二）选择内容

主题班会活动的开展离不开文字、图片等内容的支持，组织者要围绕主题收集、整理和加工相关材料。材料的充实、鲜活、富有营养能够促进主题班会活动达到预期的目的。班主任或其他组织者对内容的选择应该注意以下几点：

1. 内容的鲜活气息。

所谓内容的鲜活气息是指主题班会活动所采用的材料应该符合当前社会发展和人们的生活状态。这种鲜活气息往往是正向的、积极的、富有引导力的。这一要求是考虑中小学生尚未成熟的身心发展状态。一方面，他们思想活跃，对新鲜事物充满强烈的好奇。他们对新鲜的、有活力的、有感染力的内容较为感兴趣。因此与当下社会和他们的生活切近的内容能够引起他们的注意和参与积极性。另一方面，中小学生活泼好动、兴趣广泛、模仿力强且辨别力不足，他们容易受到暗示和引导。因此，正面的、积极的材料更容易引导他们的发展。

2. 内容的深刻性。

如果说内容的鲜活气息是为了使内容能够让学生产生共鸣，那么内容的深刻性则是为了让学生陷入"沉思"。主题班会活动不能仅仅局限于热闹的场面和快乐的情节，还应该能够在智慧启发和人格感悟方面给学生一定的激励和促进。因此，主题班会活动的内容应该富有深刻的内涵，应该能够引起学生思考、辩论或感悟，应该在塑造学生人生观和价值观方面提供更多的机会。哲理、智慧和理性应该成为主题班会活动内容选择的重要标准。

（三）设计形式

主题班会的活动形式依据不同内容而有不同的形式。活动的形式要符合学生的年龄特点，要形式多样、不拘一格、丰富多彩，让主题班会活动在学生的成长过程中成为难忘的一幕。中小学生喜欢参加形式新颖、自主性强的活动，而不喜欢单调的、抽象的、空洞的说教，因此，主题班会必须适应中小学生的这些特点，多开展生动活泼的活动，把思想教育渗透在活动之中。具体来说，常用的班会形式主要有以下几种：

1. 演讲。

这种形式较为普遍，且容易实施。它的特点是以学生的表达为主，能充分调动学生参与活动的积极性，锻炼学生的演讲能力。由于这些观点都是学生自己表达出来的，因此更容易引起其他学生的反应，其教育性较强。

2. 主题报告会。

相对于演讲来说，主题报告会专业性更高。班级一般会邀请某些班外专业人士来做汇报。由于报告人多为亲身实践者或内行人，因此报告会的感染力较强。学生们容易产生对报告人的思想、行为或学识的敬佩之情。

3. 竞赛。

根据学校、班级和学生的思想、学习、生活状况，组织者开展某项专题竞赛，让学生们围绕某个内容，如共青团知识、奥运知识等开展竞赛，在竞赛中学习。

4. 文艺表演。

这是学生用各种文艺表演形式，如音乐、舞蹈、相声、小品等表现某个班会主题。这种表演具有形象性、趣味性，富有感染力，能够充分地发掘学生的潜能和创造性。它的缺点是需要学生花费较长的时间、较大的精力去准备。

5. 辩论。

针对某一命题，学生们根据所持立场的不同分成相对的“阵营”——正反方。持不同见解的双方向对方阐述自己观点的正确性，并指出对方观点的矛盾，以期辩明某一命题。这种形式又能有效地锻炼学生思维反应力、灵活应变的能力和语言表达能力。

6. 座谈、经验交流会。

围绕某个主题，组织者启发学生交流自己的经验、心得和体会，如学习经验交流会等。学生之间的经验介绍对其他学生有较好的借鉴意义。

除此之外，主题班会还有很多其他的形式，如参观、模拟、展示、操作等。组织者要根据内容的需要，采用能够发挥最佳效果和最富教育意义的形式，启发和引导学生的道德成长。

（四）实施活动

主题班会活动的实施是需要考虑到多方面因素，包括：1.确定活动的时间和活动的场所。根据不同类型和主题的班会活动，选择不同的场所进行。如比较严肃的主题最好在室内进行，其环境布置不宜花哨。而比较活泼的主题则可以在操场、剧场等场所举行，如果在班级内开展也可以把班级装扮温馨、活泼一点。2.确定参与人员。在主题班会活动开展之前应确定主持人、发言人、表演人、校外嘉宾等，这些人员的选择和邀请要提前安排。除此之外，还有很多其他方面的因素，如多媒体的准备等等。

班主任在实施的过程中，一方面要“放权”，让学生成为主题班会实施的主题，尊重学生的意见，让他们的想法得以实现；另一方面要起到引领的作用，不能一味地扔给学生，不闻不问。班主任在主题、核心内容、组织结构和整体运行方面应该有所考量和把握。班主任要善于“抓大放小”，在总体方向把握的基础上相信学生、依靠学生，让学生办属于自己的主题班会。

经验交流

某小学以“交往”为主题开展的班级系列活动

年级	主题	活动目的	实施建议
一年级	我	1.7岁的孩子已经有了一定的自我意识，但目光更多的还是向外，希望通过此活动看到更多的“镜中自己”。 2.能够描述一些自身特点。 3.能够理解自身特点中没有哪些是不能改变的，没有好坏之分，是区分了“你”和“我”。	1.让学生画出自己，不一定很像，但一定要突出3个特点，可以夸张。 2.交流：同学们评一评谁的最有趣。 3.游戏：找两三个外形比较像的孩子，让一个学生蒙着眼摸猜。 4.你对画上的哪部分不满意？能改过来吗？

续 表

年级	主题	活动目的	实施建议
二年级	我的，你的	1.属有权的明辨对今后学习交往、尊重他人、提升自我意识都有很重要的意义。 2.使学生从物质的属有意识发展到意识形态的属有意识。	1.说出十样属于自己的学习用品。 2.你不希望同学们对你的学习用品做什么？ 3.把“我不希望你……”换成“你不希望我……”。 4.除了看得见的东西，有没有看不见的但是也属于你的东西？（家庭、时间、空间、想法、力量……）。 5.重点分析如果占用了他人的时间，消耗了他人的体力，该如何处理？
三年级	我们	1.这个阶段孩子的友谊最善变，其实也是孩子在不断解散-组合-解散的过程中学习交往，寻找朋友。 2.让孩子们理解：当“我”变成“我们”的时候，要学会降低对对方的要求。	1.阅读《我有友情要出租》。 2.为大猩猩写一个征友启事，条件越多越好。 3.如果必须符合所有条件，大猩猩能找到朋友吗？如果真的有这样的一个朋友，这个朋友会快乐吗？ 4.根据上面的问题排两个短剧。 5.给自己起一个动物名字，写一则征友启事，全班传看，愿意成为朋友的就签个字。
四年级	我	促使孩子学习以诚恳、明确的方式表达自身的感受和看法，接纳自己的现状。	1.两人一组，面对面，互相注视对方的眼睛50秒，很肯定地看着对方，不要躲闪，体会彼此注视的感觉；然后两个人再互相看着对方的眼睛，很肯定的、分别作1分钟的自我介绍。 2.很肯定的对对方说出三句我的“什么”很好。 3.重新组合两次小组，做同样的练习。 4.大家评判每个同学在自我介绍时是否很肯定地表达了自己。 5.交流感受。
五年级	你	使孩子们体会被人认识的感受，了解他人眼中的“我”，从而促使他们“自知的我”和“他人所知的我”更加融合。	1.在纸上写五个描述某个同学的句子，用“你……”这个句式，不必署名。 2.老师收起后，从中任意抽出一张念给大家听，让大家猜这一张是谁写的。 3.请猜中的人说出他猜对的理由。 4.老师引导大家发表对被猜中时及猜中别人时的心情，感受；对于猜错的同学，老师也引导他们发表一下自己的感受。

续 表

年级	主题	活动目的	实施建议
六年级	我们	1.学会诚恳地请求别人的帮助。 2.学会做到拒绝别人的请求但又不损害人际关系。	1.分组表演在日常生活中因为一次“拒绝”而产生的误解与烦恼。 2.描述一次你拒绝别人的经历，你们的关系因为你的拒绝而变差了吗？分析一下你们的关系因为你的拒绝而改变或不变的原因。 3.回到开始的场景中，练习用诚恳的态度和合理的理由拒绝他人。

资料来源：邓红艳. 小学班级管理[M]. 上海：华东师范大学出版社，2010：108-110.

（五）总结巩固

班主任（或其他组织者）除了需要关注选题、内容、形式和实施以外，还需要对主题班会活动进行总结。这种总结是理性的反思过程，也是学生得以形成正确的观念和方法的必要途径。它往往能够对主题班会活动起到点睛之笔的作用。

首先，班主任要善于总结、提炼和升华主题班会的内涵。每次班会结束后班主任都要做好总结，对主题内容、学生发言、组织程序和突发状况等进行分析和评价。这种评价应该是具体的、真实的、中肯的，不要笼统地说“好”或者“不好”。简单地表扬会掩盖学生的缺点，达不到帮助他们进步的目的。一味地批评则会降低学生下次参与活动的积极性。同时，主题班会活动相对于课堂知识教学来说，预设性较差。在学生参与活动的过程中随时可能生成新的话题和内容。由此，整个主题班会活动的内容可能会变得繁杂、多样、线索凌乱。班主任要把这些内容集中到预定的主题之下，并深化这些内容的核心价值，从而使主题班会更加有针对性和启发性。

其次，班主任要慎重对待班会中出现的争议性问题。班主任应提出自己的见解，或者表达一种肯定的结论式意见，以便统一学生的思想。由于学生的认识水平有限，他们的想法往往不够全面、系统和合理，有些同学过分地关注自己的想法，仅从自己的角度来看待问题，甚至还会有一些情绪性的表达。在这种情况下，班主任就要利用总结来启发、诱导和点拨，引导学生树立大局意识，从更加宏观和本质的角度理性地讨论问题。

再次，在每次主题班会活动之后，班主任要及时搜集和听取学生的反馈，掌握学生在思想情感或行为方式等方面的变化。对于好的转变要及时给予鼓励和表扬，争取利用每次主题班会活动的机会，促进学生心灵的成长和行为的转变。同时，班主任要贯彻并监督主题班会活动所达成的某些共识或决议，做到思想和行动的结合，使班会起到它应有的作用。

第二节　开展主题班会活动的常用方法

在阐明了开展主题班会活动的基本原则和主要步骤的基础上，我们将进一步探索开展主题班会活动的方法。它主要包括班主任在主题班会活动过程中可以采取的几个常用方法。

一、说理讨论法

说理就是向学生讲清道理，以帮助学生分析问题、认清道理。说理需要与讨论相联系，如果没有学生参与讨论，那说理往往就成了教师的灌输。这种灌输，尤其是关于价值观的灌输容易引起学生的反感和排斥。因此，教师在说理的过程中应该鼓励学生参与讨论，在说理讨论的过程中，向学生讲解、阐述、分析道理，引导学生在思考和辨别过程中厘清问题。

说理讨论法是班主任在主题班会活动中较常使用的一种方法。它简单、有效、容易实施，因此，很多班主任会采用这种方法。但是在说理讨论的过程中，班主任要注意以下两点：首先，说理要有“三心”，即入心、在心、动心。所谓入心即是说，说理要说到点子上，能让学生愿意听，能听进去。说理要避免假、大、空，避免一味地训斥或规劝，否则容易引起学生叛逆之心。所谓在心指的是说理要不仅要让学生听进去，还要让学生把“理”放在心里，进行琢磨、思考。动心则是要求说理要能激发学生的情感共鸣，让学生认同并愿意遵从班主任所说的道理。其次，讨论要注意两个要素。一者，讨论的话题要联系学生的实际同时又具有挑战性；二者，讨论的过程要循循善诱、“导而弗牵”。

技能学习

听美国老师讲《灰姑娘》

上课铃响了，孩子们跑进教室，这节课老师要讲的是《灰姑娘》的故事。老师先请一个孩子上台给同学讲一讲这个故事。故事很快讲完了，老师对孩子表示了感谢，然后开始向全班提问。

1. 最喜欢谁和最不喜欢谁。

老师：你们喜欢故事里面的哪一个，不喜欢哪一个，为什么？

孩子们很快总结出来：喜欢辛黛瑞拉(灰姑娘)，还有王子，不喜欢她的后妈和后妈带来的姐姐。辛黛瑞拉善良、可爱、漂亮。后妈和姐姐对辛黛瑞拉不好。

2. 一定要做一个守时的人。

老师：如果在午夜12点的时候，辛黛瑞拉没有来得及跳上她的南瓜马车，你们想一想，可能会出现什么情况？

学生：辛黛瑞拉会变回原来脏脏的样子，穿着破旧的衣服。哎呀，那就惨啦。老师：所以，你们，定要做个守时的人，不然就可能给自己带来麻烦。另外，你们看，你们每个人平时都打扮得漂漂亮亮的，千万不要突然邋里邋遢地出现在别人面前，不然你们的朋友要被吓着了。女孩子们，你们更要注意，将来你们长大后和男孩子约会，要是你不注意，被你的男朋友看到你很难看的样子，他们可能就要被吓昏了(老师做昏倒状，全班大笑)。

3. 继母和姐姐自私但不是坏人。

老师：好，下一个问题，如果你是辛黛瑞拉的后妈，你会不会阻止辛黛瑞拉去参加王子的舞会？你们一定要诚实哟！

学生：(过了一会儿，有孩子举手回答)是的，如果我是辛黛瑞拉的后妈，我也会阻止她参加王子的舞会。

老师：为什么？

学生：因为，因为我爱自己的女儿，我希望自己亲生的女儿当上王后。

老师：是的，所以，我们看到的后妈好像都是不好的人，她们只是对别人不够好，可是她们对自己的孩子却很好，你们明白了吗？她们不是坏人，只是她们还不能够像爱自己的孩子一样去爱其他的孩子。

4. 我们需要很多的朋友。

老师：孩子们，下一个问题，辛黛瑞拉的后妈不让她去参加王子的舞会，甚至把门锁起来，她为什么能够去，而且成为舞会上最美丽的姑娘呢？

学生：因为有仙女帮助她，给她漂亮的衣服，还把南瓜变成马车，把狗和老鼠变成仆人。

老师：对，你们说得很好！想一想，如果辛黛瑞拉没有得到仙女的帮助，她是不可能去参加舞会的，是不是？

学生：是的！

老师：如果狗、老鼠都不愿意帮助她，她可能在最后的时刻成功地跑回家吗？

学生：不会，那样她就可以成功地吓到王子了。

（全班再次大笑）

老师：虽然辛黛瑞拉有仙女帮助她，但是，光有仙女的帮助还不够。所以，孩子们，无论走到哪里，我们都是需要朋友的。我们的朋友不一定是仙女，但是，我们需要他们，我也希望你们有很多很多的朋友。

5. 要爱自己，给自己机会。

老师：下面，请你们想一想，如果辛黛瑞拉因为后妈不愿意她参加舞会就放弃了机会，她可能成为王子的新娘吗？

学生：不会！那样的话，她就不会到舞会上，不会被王子遇到，让王子认识和爱上她了。

老师：对极了！如果辛黛瑞拉不想参加舞会，就是她的后妈没有阻止，甚至支持她去，也是没有用的，是谁决定她要去参加王子的舞会？

学生：她自己。

老师：所以，孩子们，就是辛黛瑞拉没有妈妈爱她，她的后妈不爱她,这也不能够让她不爱自己。就是因为她爱自己,她才可能去寻找自己希望得到的东西,如果你们当中有人觉得没有人爱,或者像辛黛瑞拉一样有一个不爱她的后妈,你们要怎么样?

学生:要爱自己!

老师:对,没有一个人可以阻止你爱自己,如果你觉得别人不够爱你,你要加倍地爱自己;如果别人没有给你机会,你应该加倍地给自己机会;如果你真的爱自己,就会自己找到自己需要的东西。没有人可以阻止辛黛瑞拉参加王子的舞会,没有人可以阻止辛黛瑞拉当上王后,除了她自己。对不对?

学生:是的!

6.你们会比伟大的作家更棒。

老师:最后一个问题,这个故事有什么不合理的地方?

学生:(过了好一会)午夜12点以后所有的东西都要变回原样,可是,辛黛瑞拉的水晶鞋没有变回去。

老师:天哪,你们太棒了!你们看,就是伟大的作家也有出错的时候。所以,出错不是什么可怕的事情。我担保,如果你们当中谁将来要当作家,一定比这个作家更棒!你们相信吗?孩子们欢呼雀跃。

最近《美国教师讲〈灰姑娘〉的案例》被人们津津乐道。一些身为父母的朋友,在给孩子讲任何一个故事之前,会认真地想一想,讲述的时候应该怎样引导孩子树立正确的价值观?我们接触到一些老师,他们在对自己的教案进行设计的时候,也会自觉、不自觉地把自己的思路与案例中的那位美国教师相对照。的确,虽然我们每一个人对灰姑娘的故事早已烂熟于心,但是第一次读到这个案例的时候,我们又会被其中那位美国教师层出不穷的问题所吸引。故事中,灰姑娘的命运扣人心弦;故事外,教师的提问和引导让孩子们的讨论跌宕起伏。是的,这位美国教师在课堂提问和引导方式上给了我们耳目一新的感觉,谁也难以否认:他(她)在整个教育过程中成功地实现了有效提问。

资料来源:《中国德育》编辑部.美国教师讲《灰姑娘》的案例[J].中国德育,2008(11).

二、情感陶冶法

情感陶冶法是指通过设置一定的情境让学生在与环境的互动过程中自然地得到道德情感与心灵的熏陶的一种教育方法。它的理论基础是环境能够影响和塑造人的观念和行为。在主题班会活动中,班主任要善于利用情感陶冶法,通过设置情境、营造氛围让学生融入道德教育的环境中,使学生在潜移默化中受到感染和影响。檀传宝教授指出了实施情感陶冶法的三个要求:1.教师的最主要功能体现在教育情境的设计上,这一情境必须能够引人入胜,具有感染力。教育作用是渗透其中而非显性的存在,在教育情境设置之后,教师的作用应当尽量淡化,除非教师在情境中作为情境的构成要素之一存在。2.教师作为教育情境的构成要素的条件是对学生的挚爱、真诚以及自身道德人格的魅力。同时教师应当成为道德人格上的榜样——陶冶的一个重要因素。3.应当促进学习主体与教育情境的互动,强调学生在主动参与以及对环境的净化、美化和改进。主体的主动参与是增强道德陶冶作用的一个重要条件,因为“参与”可以使环境变成一种具有亲和力或亲切感的道德影响源。①

经验交流

扬起理想的风帆——主题班会纪实

(一)班会目的

1. 转变学生的思想,使他们树立远大的理想和奋发向上的决心。
2. 促进勇敢地面对现实的信念,乐观向上。

(二)班会准备

1. 组织观看杂技团的演出。
2. 邀请团长作报告。

① 檀传宝. 德育原理[M]. 北京:北京师范大学出版社,2007:241.

3. 找学生谈心，确定发言人。

（三）班会过程

1. 观看演出。

带领学生去江苏油田体育馆看残疾人演出。

第一个节目《欢乐颂》开演之后学生们个个表情肃穆起来，与刚才进场时判若两人。当那些残疾人做高难度动作或动作失误又重新表演时，场内掌声雷动，学生们更是激动不已。演出结束时，演员谢幕，学生们不约而同自发地涌上舞台，与演员热情握手、拥抱，很多学生流下了热泪，场面十分感人。在回校的路上同学们默默无语，陷入了沉思。

2.召开“扬起理想的风帆——残疾人杂技表演观后感”主题班会。

残疾人艺术团团长：我们所有的演员都是有残疾的，但为了证明残疾人的自身价值，他们身残而志不残，刻苦训练，顽强拼搏，练就了这一身技巧和本领……可以说，每个演员都有说不完的令人心酸的故事。譬如陈玉小姑娘，五岁时因一次意外的事故，失去了双臂。平时，在做平衡木练习中，她曾跌断过鼻梁，摔折过左腿，身上留下了许多伤痕。一次住院期间，她的父母心痛得直流泪，要把女儿带回去，情愿养她一辈子。但倔强的小姑娘发誓：不成才决不回家。出院的当天，又义无反顾地投入训练。正是凭着这一股自强不息的信念，陈玉才有今天的成功，实现了自己的理想。你们比残疾人幸运得多，你们眼不瞎耳不聋，不缺胳膊不少腿。不能因为会考失败而垂头丧气，葬送美丽的青春。衷心祝愿在座的每位同学，“好好学习，天天向上”。（学生们报以热烈的掌声）

主持人：昨天，我们观看了残疾人与厄运抗争、与困难搏斗的惊心动魄的杂技表演，激动不已。是什么理想在支撑着他们顽强地生活？是什么意志使他们不畏艰难，勇敢地攀登艺术高峰？是什么精神激励着他们在正常人都难以涉足的杂技舞台上展现自身价值？团长的报告作了明确的回答，那就是：理想、信心、拼搏。他们对人生顽强的追求给我们许多启示。请同学们畅谈感想。

刘学志：我与唐波、王孝飞、张维是站着看完节目的，因为我们认为自己没有资格坐着看。就像日本著名的小提琴指挥家只能跪着听《二泉映月》一样，钦佩而沉重。这些可敬的残疾人以超人的毅力达到如此完善的境界，深深地震撼了我的心灵。他们身残而志高，成为生活的强者，而我们却身不残而志残，当了生活的懦夫，产生了灰心失望的情绪。为此我们一定要下定决心，脚踏实地，发愤读书。

周淑霞：表演《海燕》舞蹈的三个单腿同龄人，像三只矫健的海燕，在暴风雨中勇敢地飞翔，靠的是远大的理想和必胜的信心。这三个残疾人把痛苦作为砺石，积极进取、顽强拼搏，而我们缺少的就是这种精神的意志。我们虽然暂时失败了，但不是失败者，决不能产生轻视自己的错误的念头。

肖琳：残疾演员之所以能成功。首先是他们能从自卑和迷茫中走出来，树立生活的理想和信心，敢于直面不幸的人生，敢于正对严酷的现实。在赞叹之余，我决心以他们为榜样，自尊、自爱、自信、自强，做生活的强者，因为“志不强者智不达，言不信者行不果”。

张美娟：这是灵魂与命运的抗争，是精神与毅力的升华，若不是亲眼所见，我是不会相信的。因为他们太让人吃惊了。今天，我们有健康的身体，宽敞明亮的教室，知识渊博的老师，却没有能像这群残疾人那样勇敢迎接生活的挑战。他们的演出真正使我懂得了人生最大的悲哀莫过于自轻自贱。

陈凯风：这些演员或先天性的聋哑或先天性肢体残缺或因灾祸成了单腿、独臂，但他们在演《钻圈》节目时，个个都是生龙活虎，铮铮铁骨的好汉。那时我的泪眼模糊了，浑身的血液仿佛凝滞了，大脑里一片空白。……这种摧毁一切障碍的意志和不屈不挠的精神令我汗颜，但同时又催我奋进。

杨剑霞：昨天的演出，对我来说是一次灵魂的洗礼……他们有远大的理想、坚定的信念、坚强的意志、超人的胆量，而我们这些学生目前最需要的就是这些。

蒋燕：小鸟失去一只翅膀，便无法在空中展翅飞翔；汽车丢掉了一只轮胎就无法在路上奔驰；一个失掉了一只手臂的人，却能驾驭独轮车在舞台上得心应手地表演，这不仅是肌体的平衡，更是思想、心理的平衡。这就是人与动物、机器的区别。我们不仅需要健康的肌体，更需要健康的思想和心理。观看了残疾人的表演，听了团长的报告使我明白了这个道理。我们可能在高考场上败北，但可以自考、上职大、学函大，立足岗位成才，即使成不了参天大树，也要做棵生命力极强的小草，因为有了健康的思想和心理，将终生受益无穷。

主持人：这次主题班会，给我们留下了终生难忘的印象，它将启迪我们怎样做人，帮助我们重新认识人生的意义。它将成为在座的每位同学新生活的起点。最后，我建议以热烈的掌声感谢班主任为我们精心筹划、组织的这次永不磨灭的主题班会。

班主任总结："志不立，则如无舵之舟，无勒之马"，"自信是强者通向成功的阶梯"，刚才同学们的发言都体现了这两点。要做一个对社会有用和创造奇迹的人，无大志、无自信心则万万不可。古训道："盛年不重来，一日难再晨；及时当勉励，岁月不待人。"时不我待，希望同学们从现在做起，相信自己是生活的主人。让我们扬起理想的风帆。不彷徨、不犹豫、不徘徊，树雄心、立壮志。把握好人生之舵，向理想的彼岸，乘风破浪，高歌猛进，去展现自身的价值。同学们——胜利在向我们招手！（学生全体起立鼓掌）

资料来源：高永宏.扬起理想的风帆——主题班会纪实[J].石油教育，1996(6).

三、价值澄清法

价值澄清理论（Values Clarification）产生于20世纪60年代的美国，其主要代表人物是美国学者路易斯·拉思斯（Louis E. Raths）。价值澄清理论的核心思想体现在拉思斯与其学生合著的《价值与教学》一书中。该理论的基本假设前提是：儿童处于价值观冲突的复杂社会，这个社会没有一套公认的道德准则和价值观。这就决定了教师不可能直接把价值观教给学生，而只能通过学习、分析、讨论、评价和反思等方法来帮助学生形成适合他自己的价值观体系。

价值澄清法包括了三大阶段共七个具体步骤，如下图所示：

选择	珍视	行动
1.自由地选择	4.赞同与珍视	6.根据选择行动
2.从各种可能的选择中选择	5.确认	7.重复
3.认真思考每一种选择的后果再进行选择		

这里简单地介绍这七个步骤:

1. 自由地选择。选择必须是完全自由的,没有任何外在的强迫。

2. 从各种可能的选择中选择。给学生提供多种可能进行选择,以增加学生自由选择的机会。

3. 认真思考每一种选择的后果再进行选择。学生要仔细权衡和完全理解每一种选择的后果,并根据这个可能的后果进行取舍。

4. 赞同与珍视:学生对自己所选择的价值和行动感到高兴并珍惜。

5. 确认:学生愿意把自己的选择公开与他人分享,并将为自己的选择进行辩护,而丝毫不感到羞惭。

6. 根据选择行动:学生将自己选择的价值观体现在生活的诸多方面,用实际行动来证明自己的选择。

7. 重复:行动不是偶然的而是经常出现的。甚至最后会形成一种习惯,并以某种生活方式不断重复。

价值澄清理论源于道德教育过程中的师生对话,它主张教师通过对话引导学生自己思考并选择自己的价值立场。这一过程不是教师告诉学生某种价值观,而通过七个步骤来引导学生更加清晰地思考自己的观念。这种引导的方法充分地尊重了学生的自主性,且容易实施。在主题班会活动过程中,广大教师可以很好地利用价值澄清法帮助学生梳理和确认自己的道德观念。

经验交流

价值“拍卖”——班会实录

活动目标:

通过班会,激发学生思考自己的价值观念,帮助学生体验和澄清自己的人生态度,提高学生的道德修养。

活动准备:

一、道具:人民币、拍卖槌。

二、将拍卖的价值写在硬纸板上两份(不同鲜艳颜色)(一份贴在黑板上,一份给拍卖者)。

三、录音磁带和搜集准备拍卖价值的相关材料。

活动说明:

一、意义明确。

学生的价值对其人生态度有重要的影响。由于受多种因素的影响,学生很多价值观念还是模糊不清的。本次活动,帮助学生了解友谊、爱心、自信、威信、健康、快乐、知识、财富、礼貌、诚实10种价值观念,通过活动让学生真正领会10种价值的含义。

二、提高素质。

为了拍卖成功,10名拍卖者阅读了大量课外书籍,搜集相关资料,既丰富了头脑,又在拍卖过程中提高了口语交际能力。竞买者全员参与,兴高采烈,既培养了他们的竞争意识,又明确了奋斗方向,为实现心中的价值而不懈努力。在拍卖与竞争中,学生正确的价值观、人生观悄然形成。

活动过程:

一、开场白(主持人):

人生有价值的东西很多,如:友谊、爱心、威信、健康、快乐、知识、财富等。假如给你5000元人民币,面对众多的价值观念,你将做如何选择呢?今天,我们举行一次别开生面的"拍卖会",通过拍卖会,同学们可以把自己的价值观念,真实地展现给大家。

二、出示拍卖的价值观念和拍卖的规则(宣读):

拍卖的价值观念:

友谊、爱心、自信、威信、健康、快乐、知识、财富、礼貌、诚实。

拍卖规则

1. 每人只有5000元人民币。

2. 每种价值拍卖最多5000元成交。

3. 每种价值报价3次后成交。

三、拍卖过程:

A. 第一轮价值拍卖

1. 主持人:下面欢迎价值王国派来的使者,为大家介绍“拍卖”的价值。

2. 使者1手持礼貌字牌上场:礼貌大拍卖啦！礼貌大拍卖啦！同学们快来买礼貌吧！我们要从小讲礼貌,做文明人,正如一首歌里唱的(唱):“晨风吹,阳光照,红领巾,胸前飘,小朋友呀高高兴兴进学校。见了老师敬个礼,见了同学问声早,老师您好,同学你早。咱们从小讲文明,咱们从小讲礼貌!”怎么样,你们想做讲礼貌的孩子吗?快来买礼貌吧。它的低价是1000元,快来买吧!(鼓掌)

3. 使者2手持自信字牌上场:卖自信啦！卖自信啦！如果你拥有自信,就会相信自己,做什么事都会成功:“相信自己才会我能行,别人说我行,努力才能行,你在这点行,我在那点行,今天若不行,明天也能行”。快来买自信吧！它的底价是500元。(鼓掌)

4. 使者3手持友谊字牌上场:同学们,你们听说过马克思和恩格思之间的伟大友谊吗?(故事略)在我们前进的路上遇到困难时,友谊会给我们力量,会指给我们明确的方向,友谊在我们的生活中不可缺少。请欣赏《友谊的赞歌》:(略)怎么样？快来买我的友谊吧！底价是1000元。

5. 使者4手持知识字牌上场:知识拍卖啦！如果你拥有知识,你就拥有了一切,知识是力量,知识是智慧,知识是财富,快来买我的知识吧！它的底价是1000元。

6. 使者5手持快乐字牌上场:快乐大拍卖,快乐大拍卖！快来买我的快乐！快乐,快快乐乐,我给你们带来一首《快乐似神仙》,你们想听吗？听完后可要买我的快乐呀!(放录音磁带《快乐似神仙》)怎么样？它的底价是500元。(鼓掌)

7. 主持人:刚才五名价值使者给我们介绍了五种价值观念,你们比较比较,看哪个更有价值,再开始竞买!

8. 竞买(过程略)。

B. 第二轮价值拍卖

主持人：紧张的第一轮拍卖告一段落，下面进行第二轮拍卖，欢迎五位使者上场（鼓掌）。

1. 使者1手持诚实字牌上场：诚实大拍卖啦！你们听说过列宁诚实的故事吗？（回答）同学们快来买诚实，做个诚实的孩子吧！它的底价是500元。

2. 使者2手持威信字牌上场：……威信的低价是500元。

3. 使者3手持爱心字牌上场：大家听过《爱的奉献》这首歌吧（放录音）。同学们，让我们每个人都拥有爱心，让世界充满温馨的爱吧！快来买我的爱心。它的底价是1000元。

4. 使者4手持财富字牌上场：……财富的底价是500元。

5. 使者5手持健康字牌上场：……请欣赏健康迪斯科，（音乐健康歌，舞蹈自编）健康底价是1000元。

6. 竞争过程（略）。

四、谈感想。

1. 主持人：紧张的拍卖会已接近尾声，首先对竞争到价值的同学表示祝贺。

我想问一问竞争到价值的同学两个问题：

（1）你花这么多钱购买你手中的价值观念，你是怎么想的？你不后悔吗？你认为它的意义何在？

（2）你打算如何实现你手中的价值？

生1：我花5000元钱购买到诚实，我一点也不后悔。因为老师教育我们从小要做诚实的孩子，列宁那么伟大的人物都很诚实，我也要做个诚实的孩子。（鼓掌）

生2：我觉得我竞争到知识非常自豪！因为只有拥有知识才能实现我的梦想：长大当个科学家，用我的聪明才智改变家乡的贫穷面貌。从现在起，我要更加努力学习，早日实现我的梦想。（鼓掌）

生3：我竞争到健康真高兴。因为只有身体健康，才能更好地学习和工作。从现在做起，我要天天锻炼身体，保护好牙齿，就像广告说的“牙好胃口就好，吃嘛嘛香”。

生4:我花3000元购买到财富不后悔。财富能实现我的愿望。我要带上爸爸妈妈到各地去旅游,让他们欣赏祖国美丽的景色,我还要让他们吃最好吃的东西,穿名牌衣服……因为爸爸妈妈为了我省吃俭用,我要报答他们(眼含泪水)。

2. 主持人:未竞争到价值的同学们,肯定也有收获,请你们谈谈你的感受。

生1:这次拍卖会我虽然什么也没竞争到,有些遗憾,但是我懂得了这些价值观念的真正意义,我也很高兴。

生2:下次拍卖会我再争取……

3. 主持人:同学们,我先采访到这,下面请班主任老师讲话。

五、班主任讲话。

同学们,今天的拍卖会你们表现得非常优秀。人生有价值的东西很多,它是无法用金钱买到的,它需要我们付出努力才能真正实现它的价值。在我们成长的道路上,还有没有比这些更值得我们去追求的呢?这是值得我们深思的!21世纪是知识、经济、竞争的世纪,在新的世纪,新的价值观、人生观决定着一个人的素质。希望同学们从今天做起,从现在做起,为实现你们的人生目标而努力奋斗吧!

资料来源:张凤霞.价值“拍卖”——班会实录[J].小学教学设计,2002(10).

四、理想激励法

理想激励法是指班主任通过理想、信念、愿景等促进学生形成道德理想、道德信念的教育方式。理想激励法能够发挥作用的重要原因是人的社会性需要。任何人的自我价值实现都离不开对理想的追求。因此,理想、信念、信仰等对人们的行动具有推动力。青少年正处在发展成熟的过程之中,他们的人生和未来充满了未知数和可能性,他们对自己的能力和成就充满了想象和期待。班主任可以很好地利用青少年的这种心理特点,用理想和愿景激励学生奋进。

从青少年的生活学习实际来看,理想激励法包括以下几个方面:

1. 用“愿景”来激励学生。所谓愿景即人们所向往的前景、前途、成就等。这种激励方式往往被用在较为“具体”和“直接”的理想实现上，如获得好成绩、交到好朋友、考上好大学等等。

2. 用“价值感”来激励学生。这里的价值感主要指的是学生能够感到实现某种理想所带来的内心情感和人格变化。班主任可以利用这种“价值感”来激发学生的理想。

方法展示

给自己一个目标

同学们，今天，我跟你们聊聊“目标确立”的问题，希望从中能给予你们一点启迪。自古有言：凡事预则立，不预则废。也就是说，做任何事都必须要有一个明确的计划和目标，才能把事做好。现在你们正值十五六岁的年龄，这是一个美好的花季年龄，也是一个确立人生目标的最佳年龄。

同学们，作为一个人活在这个世界上，不能没有人生目标。如果你们现在能够把握好这个年龄，正确地确立自己未来的奋斗目标，那么这有可能就是你们人生走向成功、走向辉煌的起点。反之，则可能就是一辈子平庸，碌碌无为。

一、目标的确立。

(1)探险家的故事。

故事的主人公是一位美国著名的探险家，名叫约翰·戈达德。

在他十五岁的时候，他就把自己这一辈子想干的大事很庄严地写在了纸上，并且题名为“一生的志愿”。他在这张纸上明确地写着：“到尼罗河、亚马孙河和刚果河探险；登上珠穆朗玛峰、乞力马扎罗山和麦特荷恩山；驾驭大象、骆驼和野马；探访马可波罗和亚历山大一世走过的道路；主演一部《人猿泰山》那样的电影；驾驶飞行器起飞降落；读完莎士比亚、柏拉图和亚里士多德的著作；谱一部乐曲；写一本书；游览全世界的每一个国家；结婚生孩子；参观月球……”共有127个目标。

目标确立之后，他便开始抓紧一切时间去实现它们。16岁那年他随父亲到乔治亚州的奥克费诺基大沼泽和佛罗里达州的埃弗格莱兹去探险。从这次探险经历开始，他便正式迈开了实现目标的步伐。20岁时他已经在加勒比海、爱琴海和红海的深海中潜过水；这年他还成为了一名空军飞行员，在欧洲上空作过33次战斗飞行。21岁时他就已经到过21个国家旅行。

此后，他乘筏漂流了整个科罗拉多河，探察了长达2700英里的刚果河，登上了阿拉特峰和乞力马扎罗山，驾驶过两倍超音速的喷气式战斗机飞行，写成了一本《乘皮艇下尼罗河》的书；这期间他结了婚生了五个孩子……他接连不断地在实现着自己的人生目标，完成着自己的人生愿望。戈达德正是因为有了这许多的人生目标，所以他对生活一直充满着无限的热情，将近60岁的他依然显得年轻干练、英俊潇洒，而此时的他不仅是一位经历过多次探险和远征的老手，而且还是一位杰出的电影制片人、作家和演说家。

戈达德就是这样凭着自己坚定的信念，在他一生的岁月中出色地完成了自己确立的127个目标中的106个。

(2)故事给我们的启示。

同学们，当你们看了上面的故事之后，是否也会如我一样地被戈达德的信念所感染，被他的毅力所鼓舞，心中顿时涌现出无数个愿望呢？

同学们，你们现在的年龄正是当年戈达德确立127个奋斗目标的年龄，你们能否也如他当年一样，以一种自信的、乐观的心态去构筑你们的未来、你们的人生目标呢？而且从确立目标的这个时刻起，就锲而不舍地朝着自己的人生目标去努力奋斗，那样的话，你们就会感到自己的信念和干劲在倍增。

二、如何实现目标。

(1)马拉松运动员成功的故事。

同学们，为了能够更好地让你们理解这种方式的妙处，接下来我再给你们说一个真实的故事。

这个故事的主人公是一位名叫山田本一的日本马拉松运动员。这是一位个子矮小的运动员，但就是这样一位身材矮小的运动员却曾经在1984年和1986年度的世界马拉松邀请赛上，两次荣获世界冠军。当记者问及他为什么能够取得成功的原因时，他说自己完全是凭借智慧战胜对手的。

众所周知，马拉松赛是体力和耐力的运动，只要身体素质好又有耐性就有希望夺冠，爆发力和速度都在其次，而说用智慧取胜确实有点勉强。因而，山田本一的"智慧之说"一出口，媒体就认为他是在故弄玄虚。

当然，他为什么会这么说也一直是一个谜。直到十年之后，这个谜底才在山田本一的自传里解开。他在自传中这样写道：每次比赛之前，我都要乘车把比赛的线路仔细地看一遍，并把沿途比较醒目的标志画下来，比如第一个标志是银行；第二标志是一棵大树；第三个标志是一座红房子……这样一直画到赛程的终点。

比赛开始后，我就以百米的速度奋力地向第一个目标冲去，等到达第一个目标后，我又以同样的速度向第二个目标冲去。40多公里的赛程，就被我分解成这么几个小目标轻松地跑完了。起初，我并不懂这样的道理，我把我的目标定在40公里外终点线的那面旗帜上，结果我跑到十几公里时就疲惫不堪了，我被前面那段遥远的路程给吓倒了。

(2)故事给我们的启发。

我想同学们看过山田本一的成功经验之后，一定会有所启发的。倘若你们在学习上要确立一个超前的目标，而且要把这个目标实现的话，不妨采用山田本一的做法。也就是把这个超前的目标分为若干个小目标，然后在依次渐进去实现它们。

这样一来，不仅容易实现这个超前目标，而且还可以在实现目标的同时，使内心有一种成就感，自信心也会大增。以后再要实现较大的人生目标就相对容易了，也就不至于面对目标时望而却步了。

其实，我们都有过这样的经验，我们之所以有时不能实现自己确立的目标，并非是自己没有行动，而是因为自己确立的目标过于高远，自己在奋力前进的时候，还没等到达目标的一半或者说三分之一，就已经是精疲力竭了，因而导致了失败。

三、我们如何实现自己的目标。

经验证明,我们做事会半途而废,往往不是因为目标的高远、难度的艰巨,而是由于上述原因所造成的,是自己在行动的时候总感到成功离自己太远。准确地说,我们之所以不能获得成功,究其原因不是由于失败而放弃,而是由于倦怠而失败。所以,我们要想实现自己的目标,就必须尽可能地把远大的目标分解成几个自己触手可及的小目标,并且始终让自己保持充沛的精力、旺盛的斗志。

尽管如此,在实现目标的过程中,我们也依然会碰上困难、遇到挫折,但只要我们能够善于去总结经验,不逃避、不放弃,而是以更认真的态度去做,就一定会使自己很快地走出困境,看见自己实现目标的希望。一句话,只要自己肯吃苦,在实现目标的征途中就不会有“困难”两个字出现,并且还会使自己变得更加坚强和信心十足,从而感到无比的快乐和满足。

亲爱的同学们,如果说你们现在拥有的青春是美好的,但那毕竟是短暂的。如果要让自己拥有更持久的美好人生,就必须不断地去确立自己的人生目标,去追求、去创造、去实现。只有在不断地去实现自己确立的目标的时候,我们才会感到活得充实、活得阳光;才会感到生活是无比的美好。同学们,请赶快行动起来吧,给自己一个目标!

资料来源:佚名."给自己一个目标"主题班会案[EB/OL].[2012-9- 30].http://hezebzr.feixueli.teaCher.Com.Cn/IndexPage/StudentIndex.aspx? UserID=11484.

本章小结

本章主要探讨了主题班会活动设计的基本原则和主要方法。第一部分主要展示了主题班会活动设计八个基本原则:教育目的的明确性、参与主体的全员性、教育契机的适时性、主题表达的时尚性、呈现形式的丰富性、情境设置的冲击性、时间内容的系列性和序列性、教育时空的延展性。班主任在设计主题班会活动的过程中应当满足这些原则要求。在此基础上,本章进一步论述了主题班会活动设计的六个步骤:明确主题、选择内容、设置情境、设计形式、实施活动和总结巩固。第二部分着重介绍了主题班会活动的四个主要方法:说理讨论法、情感陶冶法、价值澄清法和理想激励法,并通过案例的方式演示了这些方法的运用。

思考题

[1] 除了书中所列举主题班会活动设计原则之外,您认为主题班会还应遵循哪些原则?

[2] 主题班会活动设计有哪些步骤?您认为最重要环节有哪些?

[3] 结合书本内容谈谈您对价值澄清法的理解。

参考文献

[1] 檀传宝. 德育原理[M]. 北京:北京师范大学出版社,2007.

[2] 赵志毅. 班级活动设计与组织[M]. 南京:南京师范大学出版社,2009.

[3] 王健,邓睿. 让班级成为师生的精神家园:班级建设的理论与实务[M]. 上海:学林出版社,2009.

进一步阅读文献

[1] 王立华. 回归生命一位班主任的生命教育实践[M]. 济南:山东教育出版社,2007.

[2] 鞠文灿. 班主任工作行为规范[M]. 长春:东北师范大学出版社,2008.

[3] 彭跃红. 新理念下班主任工作艺术的追求[M]. 南昌:江西人民出版社,2008.

第三章 班级常规管理类主题班会设计方案

前两章已经阐述了主题班会活动的基本理论知识。从第三章开始，本书将按照内容分类介绍不同主题的班会活动的设计方案。本章主要介绍常规管理类的主题班会设计方案。班级常规管理主要包括三个部分：班集体建设、日常管理事务和突发性班级管理事务。

第一节 班集体建设类班会活动设计方案

班集体和班级是一个容易混淆的概念。简单地说，班级的本意是夸美纽斯提出的与“个别教学”相对应的一种学校教学组织方式。所谓的班级就是年龄相近的学生所组成的一个集合。这个集合并不一定能够称为“班集体”。这是因为班集体的概念隐含着“集体具有教育力量”这一假设。这一观点主要来自马卡连柯，他的著名观点是：在集体中，通过集体，为了集体而进行教育。因此，班集体建设对于班级来说是一个非常重要的事务。本节围绕班集体建设的三个重要方面：集体观念的形成、集体荣辱观的建立和班规制定来呈现相应主题班会活动的设计范例。

一、“与集体共成长”主题班会设计方案[①]

(一)班会目的

1. 使学生懂得每个人都是集体中的一员，要关心集体，爱护集体，有集体荣誉感。

2. 使学生理解只有依靠集体的力量，团结一致，齐心协力，共同努力

① 纪微.在集体中健全人格[M]. 长春：东北师范大学出版社，2010:13-21.

才能为集体争光。

3. 增强学生的集体荣誉感，进一步培养学生的集体观念，使学生能够自觉遵守《中学生日常行为规范》和校纪班规。

（二）班会准备

1. 班主任培养学生荣誉感的课前准备。

（1）思想准备。班级是学校的基本单元，也是社会的一个小集体。班主任首先要在班级中建立互助互爱的浓厚氛围。建立互助互爱、团结一致的班集体是养成学生集体主义精神的先决条件。班主任应引导学生关心、体贴老师和同班同学，然后进一步启发学生把关心、体贴的范围扩大到周围的人，使其逐步明白，人要互相关心照顾，不能只顾自己。

班主任应严格要求学生处处遵守集体纪律和制度，维护集体的荣誉。同时还要教育和鼓励学生为集体增光，争得荣誉。要使学生从小就具有集体主义精神，并不是简单的说教就能奏效的，重要的是要营造一种环境，一种气氛，使学生经常接触集体的事情，在集体的怀抱中受到熏陶和培养。班主任要做的就是为学生营造这样一种氛围，创造这样的条件。

（2）其他准备。对学生进行调查"我希望为班集体做些什么"，帮助学生准备相关的音像资料及道具。

同时因为学生刚认识不久，所以此次班会最好由班主任主持，因此班主任还要准备本次班会的主持稿。

2. 学生应做的准备。

（1）动画片《三个和尚》剪辑和歌曲《一个篱笆三个桩》的录音。

（2）每人事先写一篇有关个人与集体关系的文章，方便班主任了解学生的观点。

（3）准备一些与集体主义有关的文艺节目。

3. 教室的布置。

（1）把书桌移动到教室的四周，空出中间的位置做游戏或表演节目。

（2）设计好PPT及黑板报。

（三）班会过程

1. 班主任导入。

班主任："集体"一词对于我们来说并不陌生。从进入小学的那天起，老师就不断地告诉我们"要热爱集体"、"做集体小主人"、"为集体争光"。许多少年朋友用自己的行动向集体献"爱心"，涌现出无数关心集体、维护集体利益、为集体争得荣誉的感人事迹。如今，大家已经长大，无论是认知能力还是情感和意志品质，都比小学阶段有了新的发展。那么，集体的含义是什么，个人与集体是什么关系，为什么要发扬集体主义精神，怎样培养集体荣誉感，这些问题需要我们进一步理解。

当我们跨入学校大门，在老师的精心组织和管理下，与几十个小伙伴同学习、同娱乐之后，逐渐体会到这个大群体的生活与其他群体迥然不同。如果一个群体有共同的奋斗目标，有一定的组织机构，有共同的活动，有纪律约束，有正确的舆论，成员之间相互帮助并为群体无偿地尽义务、争荣誉，这个群体就是集体。所以，集体不是松散的，也不是随意组合的。学校是个集体，以教学班为单位又划分为若干班集体。个人是集体不可缺少的一员，集体的繁荣和发展，需要每个成员的关心、爱护与付出。

2. 让学生发表自己的观点。

班长：那么，个人和集体是什么关系呢？请大家听下面的故事，然后思考一下其中的寓意，并用最简洁的语言表述出来。

集体和我（演讲稿）

我曾看到过这样一个童话故事：一天，五个手指头吵了起来。大拇指挺着胸脯说："我的本领最大，没有我，人就不能干活。"中指不服气地说："没有我，人们的衣服怎样裁剪？"食指抢着说："没有我，人们可就写不成字了。"无名指和小指也都嚷了起来。正在它们争得不可开交的时候，蹲在一旁的铅球开腔了："如果你们谁把我举起来，就算谁的本领大。"话刚说完，五个指头就排起队来举铅球。可是它们费了九牛二虎之力，谁都没有把铅球举起来。它们叹着气，默不作声。铅球笑着说："你们一起来吧！"五个指头一起动手，毫不费劲的就把这个又沉又重的铅球举了起来。这时铅球说:"一个人的本领总是有限的,集体的力量才伟大呢!"

同学们听了这个故事你有什么感想吗?是啊!我们都想到了,个人的力量是有限的,集体的力量是无穷的。我们每一个生活在集体中的人都深深地感受到了集体的力量和温暖。个人离不开集体,只有在集体之中个人才能获得发展。集体是群体力量的凝聚,集体的成败也取决于每个个体。学校的各项活动比赛结果不就证明了这一点吗?一个人的成才,一个人的成功,都离不开集体,只有集体的土壤,才能把小苗孕育成大树。有位名人说过:"谁若与集体脱离,谁的命运就要悲哀。"不是吗?一滴水脱离了大海它的命运能有几何,一个人脱离了集体,抛弃了集体主义精神,他的命运又能有几何呢?

我们说,一个懂得关心集体,热爱集体的学生,他将会珍惜荣誉,努力完成集体交给他的任务,团结合作、谦让、互助,懂得有事和大家商量,少数服从多数,个人服从集体。同样,一个奋发向上、团结友爱的班集体,能充分地激发每个学生的集体荣誉感,在一个形成了集体荣誉感的班级里,谁做了有损于集体荣誉的事,谁就受到集体舆论的谴责,从而使我们感到,做了损害集体荣誉的事是一种耻辱。这就促使我们为维护集体利益,服从集体需要,去努力弥补自己的弱点或缺点。谁能为集体争光,谁就会得到同学们的尊敬和爱戴,它促使每一个班级成员自觉地为维护和争取集体荣誉,不怕困难,不计个人得失而奋发努力,为集体出力争光而感到由衷的喜悦和自豪。的确,集体的力量真的很伟大,一些平时表现一般甚至比较落后的学生,生活在这样的集体里,也会很快地发生变化,有的甚至跃入先进分子的行列。这就是集体荣誉感所表现出来的感召力。

2003年在全国乃至全世界爆发的非典型性肺炎,在没有硝烟的战场上奋战着数以万计的医护人员。正是靠了这集体主义精神,才使我国的非典疫情得以控制直至最终的解除。更是这集体主义精神,使得我国神舟五号载人飞船成功发射。那么同学们,我们该如何去热爱集体,发扬集体主义精神,该如何形成一个有集体荣誉感的集体呢?这需要我们共同的努力。

首先我们要明确什么是集体。集体有大小之分，小集体必须服从大集体，集体是由个人组成的，一个集体的蓬勃向上，要靠这个集体所有成员的共同努力。其次要正确认识个人与集体的关系。集体的荣誉靠这个集体所有成员的自觉维护和共同创造。因此每个集体成员都要充分意识到自己在集体中的位置与作用。要懂得集体的活动没有自己的参加，这个集体并不完整。集体的荣誉，要靠大家共同创造，个人再有能耐，离开集体也无所作为。就像舞台上主角的表演，没有配角、乐队和舞台工作人员的配合，就达不到预期的效果，排球上的主攻手，没有一传、二传、副攻手的配合，就打不出漂亮的球……我们应自觉地把自己融于集体中。

我们要有爱心，爱同学、爱老师、爱自己的教室和校园，爱故乡的一草一木，从身边的小事学会关心、学会爱。一个班级里如果学生对集体、对老师缺乏爱就不可能形成一个优良的班集体。因为现在大多是独生子女，在家里备受父母和老人的宠爱娇惯，生活条件的优越更滋长着他们的娇气任性和固执。如果把这样的品性带到学校班集体里来，同学之间就十分缺乏合作、团结友爱的精神，不利于班集体的正常管理和教学，也有碍于学生的全面健康发展。

热爱集体，更应落实到实际行动上来，其实我们大家已经落实到了行动。道理很简单，就是点点滴滴的行为，为班里拿个垃圾袋，捡起校园里的纸屑，认真唱国歌，做早操，甚至仔细地做好每一次值日工作，在车上谦让一下，运动会上呐喊助威等等都是热爱集体的表现。我们都能做到，很多同学做得很好。其实对于我们而言，对集体的热爱就表现为这些细小的行为。我们可能并没有意识到这么做就是热爱集体，只是很自然就这么做了。有的同学可能会很吃惊，原来自己已经为集体做了不少的事情，原来自己这么热爱自己的集体。是啊！当然热爱集体的事例还有很多。比如你获了奖，当然是你个人获得的，别人介绍时肯定会说“某某班某某”获了什么奖，你在外面做了好事，无形中也为集体增了光，也是热爱集体的表现。然而我们也看到了一些不热爱集体的表现，有的同学为了省力在地砖上拖饭桶，有的为了少走几步路践踏草坪，有的同学说一些不利团结的话，有的不遵守课堂纪律，随意碰撞餐具，等等，这些多不应该呀，都违背了热爱集体的宗旨，而只要我们努力都能改正的。

同学们，七个简单的音符，谱写出生命的乐章；横竖撇捺几个基本的笔画，流传出华夏大地五千年的文明。一滴水是渺小的，然而大海是伟大的；一个人是渺小的，然而集体是伟大的。今天，我们为身在这样一个值得骄傲的学校而自豪；明天，学校也为培养出一批批高素质的人才，国家的栋梁而感到荣耀。

亲爱的同学们行动起来吧，付出我们的爱，拿出我们的行动，去热爱集体、关心集体，为形成一个良好的大集体而努力吧！

（分组讨论）

生1："集体"一词的含义简单地说就是许多人共同在一起生活，一起工作，一起学习……为了共同的目标，大家互相团结，各尽自己的一份力量。心往一处想，劲往一处使，这样的集体没有克服不了的困难，没有完不成的任务。因为它发挥的是集体的力量，而不是个人的。集体的力量是巨大的，集体的智慧是无限的。

生2：集体在字典中的解释为：许多人合起来的有组织的整体。当然这只是字面上的意思，未免显得空洞而抽象。其实，每个人都生活在集体之中，对"集体"一词都有着不同的理解。在我看来，集体意味着融洽、团结、奉献、牺牲，当然也有强大、勇敢和超越。在集体中，当事情不像你所期待的那样发展时，就要求我们每个人顾全大局，为共同的目标而努力。我们不应该通过集体而表现自我，而应该通过自我表现集体。一个集体应该是团结的，一个团结的集体是强大的，它的力量是不可限量的。

3. 开展文艺节目并讨论。

（1）观看动画片《三个和尚》剪辑并讨论。

班主任：三个和尚开始为什么没水喝呢？后来怎么解决的？对我们有什么启示？

学生回答略。

（2）诗朗诵《假如……》。

假如……

假如你是巍峨的高山，我渴望成为一把土。
假如你是茂盛的森林，我渴望成为一棵幼树。
假如你是宽阔的海洋，我渴望成为一滴水珠。
假如你是耸立的大厦，我渴望成为一桩木栓。
假如你是金色的太阳，我渴望成为一线光谱。
假如你是明媚的妆容，我渴望成为一株花束。
我渴望捧出我的红心，献给我亲爱的集体。

班主任进一步引导学生关心集体，培养学生的集体主义观念。

5. 班主任总结，结束本次班会。

班主任：同学们，通过这节班会我们懂得了个人与集体的关系，它们是紧密联系、密不可分的。既然来到新的班集体，就要一起把班集体建设成为我们每一个人的家，这需要我们时时、事事为班级着想。因此我们不仅要有集体荣誉感，同时还要付诸行动，凡事从我做起，从身边的小事做起，关心集体，爱护集体，齐心合力，共同努力为集体增光彩，愿集体永远在我们的心中。

二、"班级荣辱，我的责任"主题班会设计方案①

（一）班会目的

1. 让学生了解自己在集体中的价值，懂得荣辱观对班级发展的重要影响，增强学生的集体荣誉感和班级凝聚力。

2. 帮助学生认识自己的不良行为并改正，增强责任感。同时让学生更好更深入地了解"班级荣辱"与"我的责任"之间的内在联系。

3. 通过阐述个人与集体密不可分的关系，举例说明身边热爱集体的事例，向大家阐明关心、热爱集体的重要性，使每个人从思想上认识到自己是集体的主人，从行动上做集体的主人。

---

① 刘波. "班级荣辱，我的责任"主题班会[J]. 教师新概念，2007(12).

（二）班会准备

1. 小品《晨读之前》至少8名同学排练；
2. 收集有关责任的事例；
3. 唱团歌《光荣啊，中国共青团》；
4. 动员全体同学围绕主题班会做好发言准备。

（三）班会程序

1. 主持人首先介绍召开主题班会的背景；
2. 讲《巴士司机的故事》；
3. 小品表演；
4. 故事《负责任的人永远不嫌多》；
5. 班主任讲话；
6. 班级自拟“八荣八耻”宣誓；
7. 歌曲《光荣啊，中国共青团》。

（四）班会过程

1. 主持人开场白。

主持人甲：老师，同学们，我们召开“班级荣辱，我的责任”主题班会，目的是让同学们了解自己在集体中的价值，懂得荣辱观对班级发展的重要影响，增强同学们的集体荣辱感和班级凝聚力。

2. 班会具体过程。

主持人乙：下面我给大家讲一个故事，一位巴士司机行车途中突然心脏病发作，在生命的最后一分钟里，他做了三件事：把车缓缓地停在路边，并拉下了手动刹车闸；把车门打开，让乘客安全下了车；将发动机熄灭，确保了车和乘客的安全。他做完了这三件事，趴在方向盘上停止了呼吸。

主持人甲：

（1）同学们，听了这个故事，你有什么感想呢？同学……

（2）这位巴士司机在生命最后时刻的举动令人震撼，发人深省，人们在敬佩赞叹之余，不禁会想，若司机没有这样的行为，又将会产生怎样的结果呢？同学……

(3)生活中，我们扮演着不同的角色，承担着不同的责任。学习生活中，在维护集体荣誉和利益等方面，你哪些地方做得很好，哪些方面还有不足呢？带着这些问题，先请大家欣赏小品《晨读之前》。

主持人乙：小品内容，晨读之前的教室里，有的同学在补昨晚未做完的作业；有的同学干脆抄作业；有的同学在埋头看武侠小说；有的同学看一些卡通小人书；有的同学在认真读书；有些人围在一起谈论明星，谈天说地；有些同学在大谈打游戏机的心得；有些同学在一起讨论难题；值日生认真的洒水，整理班级卫生等。

主持人甲：当局者迷，旁观者清。同学们从中看到了哪些不负责任的行为呢？同学……

主持人乙：列举一下，在我们的学习生活中，还有哪些不负责任的表现？同学……

主持人甲：这些不良的习惯，会对我们造成什么危害呢？同学……

主持人乙：不负责任的行为，会损害班级的荣誉，还会把我们引向违法犯罪的歧途。如果我们当前的责任都不负？未来的责任我们能负吗？

主持人甲：我们为班级争得过许多的荣誉，为班级添彩的事也是数不胜数，谁能说一下自己或他人为班级做过哪些贡献呢？同学……

主持人乙：希望我们全体同学都能够好好学习，为班级赢得荣誉。

主持人甲：了解了一些不负责任的行为，也认识到它的危害，不过我们更要向为班级赢得荣誉的同学学习。谁敢当着我们全体师生的面表一表态？你以后要怎么做呢？同学……

主持人乙：说到这里，我又想起了一句名言："责任心与机遇成正比"。让我们通过一个故事来共同感悟一下吧！

主持人甲：故事的名字叫《负责任的人永远不嫌多》

某公司要裁员，下岗名单公布了，有内勤部的小青和小梅，规定1个月后离岗，第二天上班，小青心里憋气，什么也干不下去，别人只好替她干。而小梅，她哭了一个晚上，可是难过归难过。但她仍然和以前一样默默地工作，坚守着她的岗位。1个月后，小青如期下岗，而小梅却被留了下来。主任当众宣布了老总的话："小梅的岗位谁也无法代替，像小梅这样的员工,公司永远也不会嫌多!”

主持人乙:小青走了,小梅怎么留下了?是强烈的工作责任意识给了小梅机会。

3. 情感升华。

主持人总结:责任心摸不到,看不着,但是,却能感受得到。它散落在平常的生活细节里,体现在一言一行里,它蛰伏在思想深处。一个有责任心的人,是值得依赖的人;一个有责任心的人,是未来的主人!现在,请同学们起立,共同宣读我们自拟的“八荣八耻”。

甲:以不耻下问为荣,以骄傲自满为耻;以知识渊博为荣,以不学无术为耻;以勤奋创新为荣,以懒惰无知为耻;以节约水电为荣,以浪费资源为耻;以诚实守信为荣,以自欺欺人为耻;以有错就改为荣,以屡教不改为耻;以言行文明为荣,以乱说脏话为耻;以团结同学为荣,以恃强凌弱为耻。

三、“制定班规我做主”主题班会设计方案①

(一)班会目的

1. 发挥学生的主动性制定班则。

2. 增强学生参与、民主和决策意识。

(二)班会过程

“昨天我说了,我们班一直缺个东西,就是班规。今天我们就来讨论一下这个问题。我有三个问题要问大家,请大家一定要实话实说!第一个问题:同学们是不是真的想我们班以后成为一个优秀的班集体?”

我话音未落,同学们已经纷纷点头并说:“当然想!”

这在我意料之中,但问题一定要问,因为这是让学生们明确我们共同的目标:建设优秀的班集体!它还潜藏着一个答案:制定班规正是达到这一理想的必经之路。

“好!我也和你们一样,希望我们班成为优秀的班集体!但是,我们在建设班集体的过程中,肯定会遇到许多困难,包括我们会犯各种各样的

① 李镇西. 做最好的班主任[M]. 桂林:漓江出版社,2008:76-83.

错误,这些都妨碍着我们实现自己的目标,怎么办呢？所以李老师想问的第二个问题是:你们是不是真的觉得应该制定班规？——这个问题不要急于回答,一定要想想再回答,不要揣摩李老师的意愿,为了让李老师高兴而说违心的话。"

同学们还真想了想,然后纷纷说:"应该制定!"

"究竟有多少人同意呢?""有没有不同意的——反对的同学不要有什么顾虑,我最愿意看到同学们能够勇敢地真实表达自己的意愿!"

有两位同学把手举起来。

"好！不同意就不违心地同意。我非常赞赏你们的独立精神!"我表扬了他们,"不过。你们能够说说为什么不同意制定班规吗?"

"制定班规让我们收到了束缚,不自由,这会影响我们班的和谐气氛。"

"同学们犯了错误,老师教育就可以了。而且班规是对大家的不信任……"

我问:"刚才举手同意制定班规的同学中,有没有听了这两位同学的观点认为他们说得有道理而改变了主意的,觉得还是不制定班规的好?"有四个同学举起了手。

我又问:"同意制定班规的同学,你们怎么看待他们的意见呢?"

"不能说制定班规就不自由,班规是对不守纪律的同学的制约。"

"班规不是束缚我们,而是引导我们怎样做才最好。国有国法,家有家规嘛。"

我插了一句:"你把我们班比作家,非常好。但我要问:这个家谁是家长?"

学生齐声说:"李老师!"也有学生补充:"还有王老师!"

我笑了,但斩钉截铁地说:"大错特错!"我们班集体的每一个成员都是平等的,包括李老师和王老师都是这个集体中平等的一员！我和你们不是父子关系,而是朋友关系。我们一起建设班集体,共同追求我们的理想。……你们说我是家长,这里面隐藏着一个观念,认为这个班都靠李老师了。……同学们千万不要把这个班的兴衰都寄托于一个人的身上,无论这个人是李老师还是王老师。我们要把希望寄托于制度,也就是我们即将制定的班规。如果一定要说这个班有家长的话,那么这个家长应该是体现我们集体意志的制度，就是班规。我们不服从于任何人，只服从班规；班规制约着每一个人，包括李老师！”

“制定班规就是不信任同学们吗？我认为不是。尊重和信任同学们，和严格要求同学们是不矛盾的。这里的严格要求，就包括合理的规章制度。……他律和自律的统一这才是完整的教育。或者说，通过‘他律’最后达到‘自律’——也就是自我教育自我约束的最高境界。……其实，好的制度应该是让遵守制度的人感觉不到制度的存在，而同时又使不守规矩的人处处感到制度的约束。比如，李老师就感觉不到《刑法》的存在，我一点不觉得受到了约束：怎么连人都不可杀呢？太不自由了！（学生大笑）但是我却处处感到《交通法规》的制约，因为……老想着如果闯了红灯我要被扣分还要罚款。无论我们多么信任人，要知道，从理论上说，人人都会犯错误的，那么，根据这一点，我们制定出规章制度就是为了防止大家犯错误。……因此，我认为，制度是必需的，班规也是必需的。”

说了这些，我问那两个同学：“听了刚才同学们的发言和李老师的话，你对制定班规想通了吗？你原来的想法有没有改变？”

“快了！”同学们善意地笑了。

“我还是不同意制定班规。”

我说；“不要紧，没有被说服就保留你的看法。但是，”我转身问大家，“这个班规还制定不制定呢？”

“要制定！”

我说：“我们只能少数服从多数，制定！”但我同时补充了一句：“我们也尊重刘陵同学的意见。”我特别大声强调：“民主有两个原则：行动上，少数服从多数；精神上，多数尊重少数。……”

（最终，李老师要求每位同学在认真思考的基础上拟出一份班规，再由班干部整理后表决通过。）

第二节　班级日常管理类主题班会设计方案

班级日常管理是班主任在管理班集体过程中经常遇到的一些事务性工作。班级日常管理的事务主要包括竞选、入学教育、毕业教育等。本节分别选取了三个具有代表性的主题班会设计方案，为班主任设计此类主题班会活动提供参考。

一、“竞选团员”主题班会设计方案①

（一）班会目的

1. 让学生了解共青团员的先进性；

2. 在班级中树立优秀的典型，创设良好的学习氛围；

3. 希望学生在评价中更加理解教育，清楚地认识自己，了解别人，帮助别人达到共同进步的目的；

4. 在活动中培养学生的评价意识，增强交流能力，提高各方面素质，同时加强学生的民主意识。

（二）班会过程

1. 计划阶段。

教师首先设计主题班会流程，要求学生提前做好准备工作。步骤如下：

（1）要求入团的学生写一份入团申请书，并在班会课上进行宣读；

（2）参选学生宣读完毕之后，要对自己进行进一步的评定，突出自己的优缺点，进行自我评价；

（3）全班同学进行互评；

（4）参选学生对自己的优缺点进行进一步表态；

（5）全班不计名投票，选举团员。

经过充分的准备以及学生们出色的、发自内心的演讲，班会相当成功，收到了预期的效果。由于是竞选主题班会，学生们兴趣高涨，参选人数远远大于初一时的报名人数，达18人次。

2. 申请阶段。

班会开始第一个上台演讲的是一位男生，他大胆地走向讲台，开始演讲：“一直以来，我都认为加入共青团是一件光荣的事，因为共青团是中国

① 张伶. “竞选团员，说说你我他”主题班会理解评价案例评析[J]. 校长阅刊，2007(11).

共产党领导的先进青年的组织，是共产党的助手和后备军。我非常希望能加入共青团，因为入团可以学习建设有中国特色社会主义的理论，广泛开展党的基本路线教育，开展爱国主义、集体主义和社会主义思想教育，开展近代史、现代史教育和国情教育，开展民主和法制教育，增强我们民族的自尊、自信和自强精神，树立正确的理想、信念和价值观念。”

接着上台演讲的学生也不逊色。有的说：“在团组织批准我入团后，我将更加刻苦学习，勤奋工作，团结同学，助人为乐，要有高尚的品德和自我批评精神。努力成为对社会建设有用的人，做共产主义事业的接班人。”学生们精神抖擞、意志昂扬，表达了向共青团组织靠拢的热切期望，表现出极强的上进心，树立了鲜明、正确的人生观、价值观。

3. 自评阶段。

在对学生的演讲表示肯定的同时，我提出了一个小小的建议：“接下来，能否对自己的初中生活作一个自我评价呢？如果是优点供大家学习，如果是缺点那我们就开展自我批评。”此时大家已经进入了评价的良好氛围，很快就有学生举手发言。

我们不妨听听学生的自我评价。一位看起来很阳光的男学生说：“我的优点是善于与同学进行交流，人缘很好。我的缺点是学习的动力不足，主观愿望强，但由于惰性强，做好的学习计划表往往会化为泡影。我今后一定要克服自己的惰性，努力学习，积极进取。此时我感觉到，评价的力量远远胜于我对他的说教，我真庆幸开展了评价活动，也许学生们将受益终生。

4. 互评阶段。

很多学生进行了自我评价，接着我让他们在自我评价的基础上开展互评，说说你，谈谈他，同时认识自己。一位小个子男生发言了：“我的同桌学习很认真，会充分利用时间，这是他的优点也是他的缺点。”大家愕然，“有时美术课上，他就背英语单词。”大家明白了，纷纷点头。这样的互评效果是显而易见的。

紧接着，陆续有七八位学生讲了自己的缺点并评价了同学的优缺点，句句真真切切，体现了学生对班级的热爱，对同学的关心，以及对自己和他人的信任。尤其感受到学生的进取心，对团员的向往和正确的人生观、价值观、世界观。

5. 选举阶段。

一堂别开生面的竞选团员主题班会在不记名投票活动中结束了,学生们认真地推选出最优秀的同学作为第二批入团团员的候选人。

二、"开学啦!"主题班会设计方案①

(一)班会目标

1. 培养学生的主人翁意识和团队精神,使他们对新班级、新学校产生归属感,满怀信心的迎接初中生活。

2. 培养学生与新同学交往、沟通的能力,帮助学生迅速融入新班级。

(二)班会准备

1. 场地布置:将桌子摆在四周。

2. 白纸若干张。

(三)班会过程

活动一:体验"大风刮呀刮"。

全班同学手拉手围成一个大圈。教师发出指令,如"大风刮呀刮,大风刮到戴眼镜的同学那儿"、"大风刮呀刮,大风刮到所有穿旅游鞋的同学那儿"、"大风刮呀刮,大风刮到所有女生那儿"时,具备与老师口令同一特征的同学必须马上离开原位置,找到一个新位置,然后与左右的同学对视一下并微笑、点头示意。

(提示:老师的口令必须包含大多数同学都具备的特点,给同学们创设一种安全感和归属感,同时口令要照顾到所有同学,让每个人都动起来,体验融入集体的感觉。口令发出5~6次,活动暂告一段落,请个别同学谈一谈活动的感受。)

师:刚才我看到当我说"所有戴眼镜的同学"时,你好像愣了一下,是不是没反应过来?

① 纪微. 班主任开展主题班会技巧[M]. 长春:东北师范大学出版社,2010:112-117.

生1:是有点懵,我没想到您会点到我,当时我想是不是听错了,所以迟疑了一下。小学时我们从来没搞过这样的活动,今天这种形式挺新鲜的,我得适应适应。

师:听到口令后你是同学中第一个找到新位置的同学,请问你是怎样做到的呢?

生2:其实当老师说明规则之后,我就一级戒备,等到您说的口令包含我时我就看准了对面相同特点的同学,快速冲过去,抢占有利位置。

师:看来前期的心理准备相当重要,在陌生的环境中细心观察、冷静分析、自信是成为决定成败的关键因素。

师:我们的游戏规则有一条是"当你找到新位置后,要与左右两侧的同学对视一下,并对他们微笑、点头示意"。但是我观察了,这条规则你好像并没有遵守,为什么?

生3: 我,我……(不好意思地低着头)

师:你可能不习惯这种交流的方式,但是充满热情的人是不会被拒绝的。你想知道周围两位同学对你的态度吗?

生3:(点点头)

师:你们欢迎她成为你们的新伙伴吗?

生4:当然欢迎啦! 但是我不知道她能不能接受我。

生5:谁成为我的朋友我都会很高兴,但她不跟我们交流,我们没有办法知道她在想什么,她需要的是什么。对视、点头、微笑虽然很简单,但传递的信息很多,我希望我们能成为朋友。

师:听了两位同学的话,你是怎么想的?

生3:我也很想交朋友,但总有很多顾虑,总害怕别人不喜欢我,所以不敢看别人的眼睛。听了他们的话我很受感动,(转向两位同学)谢谢你们! 我会努力的,我也希望能成为大家的朋友。

师:在活动中,每个人的个性特征是不一样的:有的同学反应很快,能迅速找到新位置;有的同学很机灵、开朗,就近找同学调换位置;有的跑很远的地方寻找新位置;而有的很腼腆,让大家先找新位置,等别人都有了新位置之后,他才选择剩下的;甚至有的同学找不到自己的新位置,这种情况自己有点懵,需要别人的帮助才能找到新位置。对新环境的不适应是个普遍存在的问题,关键在于自己以怎样的心态、采取什么样的方法去对待。在新的班集体中,同学们将结识更多新同学,结交更多新朋友,并在学习生活中一起分享成长的快乐。

活动二:感悟“我们与众不同”。

让同学6人一个小组,彼此介绍,然后共同完成一项任务:为自己的小组取一个独特的组名,并设计一个形象标志。

(提示:分组时考虑男女同学的比例,这样对同学们思路的打开、活动效率的提高有促进作用。刚开始的自我简短介绍可能会出现冷场的现象,教师可适当介入,参与活动,一旦学生的热情被激发后,教师要快速抽身,将活动的主动权留给学生。小组完成任务后要选取一种方式将本组的组名和形象标志向大家展示。)

同学们的组名取得五花八门,如“云月组合”,有感于岳飞的“三十功名尘与土,八千里路云和月”,象征着这一组同学的团结奋进与不懈追求;“被选中的孩子们”的组名来源于动画片,表示虽然历尽艰难,但有缘千里来相聚,相亲相爱,共同的责任使我们团结一心;“三七二十一”,表示三个男生、七个女生的小组,不管如何都会共同努力,争取最佳的表现;“力与美的组合”,让奥运精神永远传扬……这些口号有的很搞笑,有的像广告词,还有的充满诗的韵味,但不管哪一种,都充满了朝气与自信,很有新意。形象标志设计得也很有意思,或简洁或典雅,虽然还存在很多不足,但足以让每个人为之欢欣鼓舞。这个活动将气氛推向了最高潮。活动刚开始时的不安与担心、谨慎与戒备、拘谨与敏感不见了,取而代之的是快乐与自信、热情与大方。

师:前后左右的同学是日常生活中和你打交道最频繁的人,在这个活动中,每个同学都顺利地归属到一个小组中,这种安全感与归属感是每个面临新环境的同学最需要的,特别是经历了前面具有自我挑战与竞争的活动后,能有属于自己的一片天地对很多同学来说是至关重要的,这也使同学们进一步感悟到,对新学校,每个人必然都要经过逐步适应的过程。只要积极努力,大家一定能够顺利地融入新学校、新集体。

在集体中每个人的角色虽不相同但都同等重要。设计组名与形象标志的活动给每个人提供了一个自我展示的平台,大家的最终目标都是促成团体任务的完成。大家有了共同的目标,也就有了前进的动力。在整个过程中,个人聪明才智如何与集体的智慧相结合,个人的观点怎样才能影响集体的决策,是需要每个成员认真思考的。小组成员在冥思苦想、相互取舍的过程中,团结、协作、互助、自信、勇于创新与挑战的团队精神也随之培养起来,这对于增强新集体的凝聚力是十分有好处的,这种合作与自信将会影响你们今后的学习与生活。

三、"明天,我们毕业"主题班会设计方案①

(一)活动目标

1. 通过活动引导学生重温往昔丰富多彩的学习生活,感受母校的温暖、同学的友谊、教师的关心。

2. 培养学生尊敬老师、热爱母校,以实际行动维护学校荣誉,乐意为学校争光。

(二)班会准备

1. 准备关于校园环境及名人、伟人尊师的影像。
2. 每个学生准备一件最得意的作品或节目。
3. 音乐播放器及相关歌曲。

(三)班会过程

第一板块——谈话揭主题。

主持人:同学们,再过几天,我们就要离开母校,升入中学。面对将要分别的朝夕相处的同学、关心帮助我们成长的老师,我们不禁心潮起伏,为了表达依依不舍之情,我们来组织一次《明天,我们毕业》的主题班会。

第二板块——浓浓校园情。

六年来,我们在这里留下了无数欢歌笑语,撒下了学习和劳动时的辛勤汗水。在这离别的时候,让我们再来看一看自己可爱的校园吧!

---

① 张森,赵作银."明天,我们毕业"主题班会设计[J]. 教学与管理,2007(6).

1. 观看关于校园环境、教学设施的录像。

2. 谈观后感(从令人感到自豪骄傲,从感谢母校、从爱惜环境等方面谈)。

主持人:六年了,六年来我们的学校发生了巨大的变化,眼前的一切,让我们感慨万千!

3. 学生齐诵诗歌《校园,亲爱的校园》。

第三板块——恋恋同学心。

主持人:母校是我们生活的乐园、成长的摇篮,让我们来一起看看摇篮里记载着我们哪些成长的足迹。

1. 课件演示班级六年来的校园生活照(野炊、春游、运动会、爬山等)。

主持人:虽然时间可以冲淡一切,但是这一张张老照片,定然勾起了我们许多的回忆。六年来我们朝夕相处、晨昏相伴,在共同的学习生活中结下了深厚的友谊,我们亲如兄弟,爱如姐妹,在这即将离别之际,大家一定有万语千言要表达,下面请同学之间相互交流。

2. 同学真情倾诉(从祝福、致歉、感谢、希望等方面进行)。

主持人:言为心声,但精美的友谊之卡更承载着我们“此时无声胜有声”的深情厚谊! 下面让我们互赠友谊卡。

3. 同学互赠名言卡(《友谊地久天长》响起)。

主持人:为什么同学情谊叫人难以割舍,一生牵挂? 那是因为这份情像玉壶冰心,似银色月光,让人心透明,让人生温馨。虽然课桌中间曾画起“三八线”,偶尔吵吵闹闹;虽然曾为竞争对手,暗自较劲,但面对毕业分别,女同学眼泪汪汪,男同学一夜长大。惜别,纯净了同学情! 让我们齐声歌唱一曲《同学情》。

4. 齐唱歌曲《同学情》。

第四板块——拳拳老师意。

主持人:在母校的六年里,除了这份浓浓同学情,我们还收获了累累硕果,它是我们刻苦攻读、奋力拼搏的结晶。下面请同学把自己最得意的硕果展示给大家。

1. 学习成果展示(内容可有书法、绘画、作业本、作文、科技作品、手工制作、摄影等;也可有唱歌、跳舞、相声、小品、杂技、魔术等。既可以直观展示，也可用实物投影展示，或者电脑展示。为了避免大量的重复，可将大部分同学的作品布置在教室四周，选择有代表性的作品展示，最后由主持人总结）。

主持人：同学们，我们今天能有这样丰硕的成果，除了我们自己的刻苦与努力，更应该感谢的是谁啊？（齐答：老师）是啊，老师是勤勤恳恳的园丁，是默默无闻的春蚕，如果没有老师的辛勤耕耘、没有老师对我们的热情关心，又哪有我们今天"累累的硕果"？谁说说，老师平时怎么关心我们的啊？

2. 学生交流教师帮助、关心自己的事例（从生活、学习、思想等方面）。

主持人：老师对我们的爱实在是太深了，望着生活了六年的母校，望着日渐憔悴的恩师，此时此刻，就让我们用一首诗来表达对他们的感激之情吧！

3. 诗朗诵：《谢谢您，老师！》。

主持人："十年树木，百年树人"，老师的谆谆教诲，我们没齿难忘。离开学校后我们应如何对待自己的老师和母校呢？请看录像。

4. 播放影像材料《名人尊师录》，激发学生的爱师之情。

主持人：看了以上录像，我们一定会深受启发。谁能说一说？

5. 同学谈观后感（不忘教师恩、母校情，维护学校、老师荣誉，乐为学校、老师争光）。

主持人：是啊！参天大树忘不了根须，浩荡江河忘不了源头，我们又怎能忘记与自己朝夕相处的恩师呢？让我们向敬爱的老师表示最崇高的敬意和最衷心的感谢吧！（全体起立，向所有老师鞠躬示谢）师恩难忘，母校的恩情更难忘。让我们对老师说一声：谢谢您，敬爱的老师！（齐说）让我们对养育我们六年的母校说一声：谢谢你，亲爱的母校！（齐说）让我们把对母校和老师的感谢，化成我们的实际行动吧！

6. 向母校献匾仪式，并向老师们敬献鲜花。同时由音乐教师起头，师生共唱歌曲《好大一棵树》。

第五板块——殷殷期盼情。

主持人：也许我们永远无法再一起聆听老师的教诲了。在临别母校之际，让我们最后一次聆听老师对我们的教诲吧！

1. 时光飞逝,流年似水,六年的光阴,弹指一挥间。几年的沐浴使你们汲取了百年郑小的精华,她让你们从幼稚走向了成熟,几年的熏陶她让你们感受到了敢为人先、不流于俗的个性和品质,她让你们从一张白纸变成一幅五彩缤纷的画。这些,将会使你们受益终身。也许将来你们的人生旅途不会很平坦,但老师坚信进入中学后的你们一定会继续发扬刻苦钻研、勇于拼搏的母校精神,一定不会辜负母校对你们的谆谆教诲和殷切期盼的!

20世纪初,印度大诗人泰戈尔先生来华访问,送别时,中国的同行问他:您有什么落下来了没有?泰戈尔先生沉吟了一会儿,说:没有了,只是我的心。同学们,希望你们常回家看看,因为这里有你落下的心;这里有你心中常想的人;这里有期待着与你继续交流的许多颗心。母校永远是你们的家园,你们永远是母校的骄傲!

主持人:亲爱的老师啊,您对我们的谆谆教导让我们受益终身,我们绝不会辜负您对我们的殷切期望,明天,您一定会听见,万水千山,都传来了我们的歌声。(齐诵)明天,您一定会看见,天涯海角,都树起了我们的丰碑!(齐诵)亲爱的母校啊,请相信,有我们,就有东方的巨龙,有我们(齐诵),有我们,就有腾飞的中国!(诵)让我们一起,用自己的真情,把这首歌献给亲爱的母校和老师吧!

2. 音乐响起本校的校歌,大家齐唱。

(边拍手边唱校歌,结束本次活动)

第三节　班级突发事务类的主题班会设计方案

班级突发状况又称班级偶发情况,是指在班级中不普遍或不经常发生的事情。关于偶发状况的主题班会活动设计需要应对三种情况,一是班级偶发状况是由个别学生引起的。这些学生的成绩、行为表现和思想可能与其他学生存在一些差异。他们容易引起班级不和谐现象的发生。主题班会活动要针对这些学生的特殊性进行设计和实施。二是,班级运行过程中偶然发生的事情,如学生打架、作弊等。针对这种偶发事件的主题班会活动设计应该聚焦于某类事件的讨论、梳理和教育。三是,中小学生成长过程中比较容易发生的现象，如早恋、网瘾等。本节分别呈现了这三种类型的主题班会设计方案。

一、改变“特殊学生”的主题班会设计方案①

同学C刚进预备班时，无论是堂上还是堂下，他心中无规章，眼中无他人，行中无控制。想说就说，大声嚷嚷；想闹则闹，打人咬人。虽然他不认真听课写作业，成绩照样能进班级前五，但人见人厌。同学躲他，任课老师只求他别闹，宁可不要他成绩好。因此，即使他拿到了好成绩，仍然得不到老师的认可；他满脑子聪明，可无法施展。因此，他愈发的我行我素，越来越拧巴。

适逢学校开展班会课程化建设，但如何把主题教育校本教材内容，结合到班会上来，以大家喜闻乐见的形式，变成寓教于乐的活动展开呢？我没经验，绝大多数同学也发愁。眼看全校第一次主题班会观摩的日子就要到了，我突然想到了C同学。

我仔细分析C同学怪的原因：他无法控制自己的行为，所以暴怒；他的才能无法施展，所以憋闷。越憋越暴，越暴越憋，恶性循环。要解除他的“憋”，就要提供机会，创造条件，让他尽情施展才华、释放自己，获得老师和同学的认可，帮他赢得尊重，获得自信，在班级有所作为，使他获得自我超越的内在动力。他的特长在于：心气高，进取强；普通话清晰、动听；英语词汇量大，口语很流利；精通电脑操作；知识广，反应快，点子多；擅长模仿、演讲。班会课正好发挥他的特长，让他精彩绽放。

点将不如激将。在早自习上，我向全班诉苦道：“我们班级人才真是奇缺呀，连个会做PPT的人都没有，找个班会男主持人更是困难。”他立刻回答：“PPT早就过时了，我还会做PPS。”PPS是什么？我假装不知道。他得意地描述了PPS的功能，我这边并不买账，说道：“要是班会上能用PPS课件，那简直太帅了，只是可惜没人做啊！”

他立刻把活儿揽了过去。我顺势说：“你觉得班里哪个男同学可以做班会的主持人？如果没有，我就只能让两个女生上了。”他不假思索地说：“那我来吧，那样的话男生好丢脸。”

---

① 王小艳. 班会——集体成长的精神家园[J]. 中国德育，2011(3).

“老师相信你可以做好，你可别让我失望啊！”我向他投去了信任的目光。

“遵命！”他一脸兴奋地说。接下来，他先是发动其他的几个负责人一起研读校本教材相关内容。平时打死他都不愿意认真听读想的教育内容，这次他居然在教室里一遍又一遍大声诵读，来来去去地揣摩，直至差不多背下来。接着，他吩咐同伴分头找来补充材料，围绕主题设计班会教案，然后由他带回家，加了两个晚上的班，做成PPS课件，并附上主持语。

当他拿这作品给我看的时候，我不由得大吃一惊。

首先是他对主题的把握精准深刻。本次进校第一课是文明规范教育，他根据我校学生校园日常行为规范50条创作了小品表演，其中几个违规的细节就是他自己的真实写照。

我问他：“你对作品中的细节不在意吗？”

他说：“没关系，我改不就没的笑了吗？为艺术做自我牺牲，值！”

我追究到：“这可不成啊！你要是不真心改，就不要做这个假反面典型？”

他忙说道：“放心，真不真见行动，我的形象我负责！老师，我们拉钩。”

于是，我们拉钩约定。

其次，平时我们都用PPT，还真不知道PPS课件的功能那么强大，效果那么好。我立即表扬了他，他却不好意思地笑了。这还是他第一次腼腆地笑，笑得真可爱。

在班会课上，他镇定自如，口齿伶俐，幽默自然。冷场的时候，他会机智地调动学生发言的积极性。尤其是小品表演，他一面主持，又一面客串扮演自己的原型人物——问题学生。他自己演自己，逼真鲜明，痛快淋漓，台下掌声如潮。整个过程清晰流畅，过渡自然，高潮迭起。他俨然就是班级中的大“明星”，出尽了风头，同学们为他拼命鼓掌，好几个男生上台拥抱他，就像拥抱大明星一样。

以后几次主题班会，同学们会异口同声地推举他总负责，他也确实做出了我们班级特有的主题班会的模式和套路，并且驾轻就熟。由此，我们班的主题班会先后在校内、区内乃至外省市展示，赢得一致好评。

为了帮助他获得更多发挥特长、展现自我的机会，我特意举办了一次英语演讲比赛。学生评委们为他的精彩演讲一致给了满分。他还很自信地向同学们介绍了提高英语口语的方法。看着他自豪地走下讲台，我又一次地舒了一口气。我担心他会更加的骄傲。但是事实证明，同学们的羡慕和赞扬，老师的肯定反而让他比以前谦虚多了，他还主动帮助同学讲解英语习题。在以后的日子里，上课他也不主动招惹别人了，大扫除也积极参加，恶作剧少了。

每经历一次主题班会，C同学的自我感觉就会发生一次细微变化。

主持完"行为规范"主题班会，他的行为收敛多了，突出体现在课堂不交头接耳，不插话；课间不嚣张，不自以为是；看人的目光平正了，很少主动碰别人了。

主持完教师节的主题班会，他见老师有了笑脸，并主动问好，远远地看见老师，也会挥挥手。先前进老师办公室很不情愿，渐渐地乐意进老师办公室了。

主持完"规范学习"的主题班会，他首先换了一支较粗的水笔芯，作业的字写得大一些了、工整一些了，尤其是订正不在原卷面上圈改，改为另附一张小贴纸完整地重做。

主持完"诚信"主题班会，他意识到以前以炫耀作业被人抄为荣，实际上帮别人作假，让人失去诚信，也是不诚信的错误做法，于是他不再给别人抄作业提供方便。

主持完"信念"主题班会，他记住了罗杰的故事。

罗杰上小学的时候不与老师合作，却很迷信，校长给他看了手相，说他将来是纽约州州长。从那时起，州长就成了他的奋斗目标。51岁那年，他真的如愿以偿。

他把罗杰就任纽约州州长就职演讲中的一段话背下来："信念值多少钱？信念是不值钱的。它有时候是一个善意的欺骗，然而你一直坚持下去，它就会迅速升值。"他神采奕奕地对我说："老师，我的外语很好，我想要成为一名外交官。"我说老师要看你的表现。我让我在外交部工作的一位同学给他写过一封鼓励信，他很是感激，很受鼓舞。

总之，是主持班会的实践，让他认知感悟到了做人的一些道理，唤起了他自觉自律的意识。当然，好不了多久，他又会自以为是翘尾巴。但是，他的总趋势是向好的方向发展。随着主题班会的展现，同学们对他的看法大变，取而代之的是佩服和宽容。在第一学期优秀学生评比中，他的得票最高。他在周记中感慨地写道：原来我在老师同学们眼中并不是一无是处的人，我真的很开心！我要重新做人给大家看看。

随着班会效应，外来的鼓励增多，全班同学的集体自豪感倍增，班级的凝聚力渐强，个人的责任感提高，班风逐渐纯正，学风逐渐浓烈。教室的地亮起来了，室内的环境美起来了，原先捣蛋的几个男生逐渐收敛了，老师上课的感觉好起来了，集体的事抢着做了。班级先后获得学校文化建设先锋班级，卫生、体育、文化课等各项都获得优异成绩。

对C同学而言，主题班会是他进步改变的台阶；对于我们整个班级而言，主题班会则是集体成长的精神家园；对于班主任而言，主题班会设计得有创意、召开得有实效，也是教育自己提高自己的契机。

二、处理“学生打架”的主题班会设计方案①

（一）班会背景

午间的阅读课上，班里发生“内战”，班长火速向我求援。来到教室内，只见小舒在低低地抽泣着，前面的文具盒被敲得扁扁的，一副受气包的模样。同桌的小杨涨红了脸，嘴里嘀嘀咕咕地埋怨着，仿佛自己占着多大的理。同学们也在小声议论着。大家盯着我这位班主任，静观事情的动态。这到底是怎么回事呢？我决定请他俩去办公室说个明白。原来，小杨要把阅读的书籍跟小舒交换，而小舒还没有把书看完，不同意交换。小杨火冒三丈，扬言要把小舒正在阅读的书撕掉。小舒转身一挡，没撕着，小杨便把火撒到了小舒的文具盒上。在小杨重重的拳击下，小舒的文具盒变了形。这明显是小杨没理，不料小杨在述说原委后只轻飘飘地说了一句：“大不了赔她一只文具盒。”这种德性真让我气不打一处来。小杨平时被爷爷、奶奶宠爱惯了，在与同学的交往中，显得很霸道。而与他同桌的小舒平时学习成绩不好，使得她有点自卑。平时，我对小杨苦口婆心地进行教育，可收效甚微。今天，我得改一改教育策略，好让小杨知道今后不可以欺侮同学。当即，我对这件事未作任何评价，让他俩先回教室。

① 李萍.“模拟庭审”主题班会[J]. 少年儿童研究，2006(3).

这时，一个主意掠过我的心头：不妨利用下午的班会课，在班内搞个“模拟庭审”主题班会，借助同学的力量来感化他，帮助他，监督他。大家参与的过程也是接受教育的过程。

(二)班会目的

1. 处理学生之间的打架问题。
2. 帮助同学认识到友情的价值。
3. 教育班级学生之间形成正确的相处方式。

(三)班会过程

班会课上，班长在我的吩咐下，在黑板上写下了：平等、关爱——“模拟庭审”主题班会。我略将座位调整了一下，在讲台旁加了两张小桌子，一个原告席，一个被告席，请小舒与小杨入座。我也坐在同学中间，与其他同学一起成了陪审员，班长担任公正的“法官”。同学们因角色的改变而异常兴奋，等待着即将到来的“开庭”。能干的小宇还自告奋勇要当小舒的“律师”。

首先，班长让大家先说说对“平等、关爱”的理解。大家发言热烈，畅所欲言。接着，请“原告”小舒把今天的“实情”向大家陈述清楚，然后，问“被告”小杨是不是情况属实。小杨在威严的“法官”面前，早已失去了往日的霸道，低声地说：“是。”班长话锋一转：“今天，主要请大家就这件事发表自己的观点，并说说如何解决这件事。”

小宇作为小舒的“律师”，首先发表自己的见解：“小舒，虽然学习成绩不理想，但她像我们一样有尊严，在班内应享受平等的权利，谁也不能欺侮她。我们要求小杨向小舒道歉，并赔偿一只文具盒。”小宇还真像一名专业人士，一开始就摆出了自己“当事人”的观点。

其他“陪审员”也纷纷发表自己的见解。

有的说：“小杨，你必须真诚地对待同学，大家才会把你当真正的朋友。”道出了相互尊重、以诚相待的原则。

有的说：“他老欺侮小舒，总让小舒受委屈，使小舒经常心情不佳，理应赔些精神损失费。”好小子，平时肯定爱看法制节目，法制意识还很强，还考虑到了小舒受伤的心灵。

有的说:“法律面前人人平等,我们在班内学习、游戏等方面的权利也人人平等,万不可恃强欺弱。”说得多好,每个学生在校内、校外具有平等的权利。

有的说:“小舒,今后也要坚强些,要学会捍卫自己的权利,被别人欺负了不要老是哭,也不要有了委屈不吭声,要勇敢地告诉老师或者班干部,老师和班干部会解决问题的。”说得对!同学们就要学会捍卫自己的权利!

在大家的评议中,小杨早已羞愧地低下了头。最后,“法官”实事求是地作出了宣判:“本法官依据事实,对本案作如下判决:

1.小杨必须当着全班同学的面,公开向小舒道歉。

2.赔偿一只文具盒,并向小舒保证以后不再欺侮她。

3.必须把欺负同学这一缺点改了,并接受大家的监督,也希望大家真心帮助他。

4.对于同学们提出的精神损失费,念在他悔改的前提下,这次就免了。

在“法官”宣判后,小杨真诚地向小舒道歉,赢来了全班同学的掌声。隔天,他把文具盒也赔给了小舒。

真要感谢那次“庭审”,只不过把班内同学的角色改变了一下,就收到了很好的教育效果。对小杨而言,他犯了错误,在同学帮助下,有了清醒的认识而且真正愿意改正。对小舒而言,懂得了她与大家拥有平等的权利,她有权在校园里不受任何人欺侮,这样有助于她的身心健康。其他同学也懂得了要关爱、尊重每一位同学。

三、“网络利弊”辩论赛活动设计方案①

(一)班会目的

1. 知识与能力目标。

通过活动,让学生懂得不正确使用网络带来的危害,了解合理利用网络资源可以提高学习质量,扩大自己的知识面,知道一些健康实用的网

① 纪微. 班主任开展主题班会技巧[M]. 长春:东北师范大学出版社,2010:223-231.

址，有助于学习与丰富课余生活。

2. 过程与方法目标。

通过学生收集案例资料，师生共同分析讨论，让学生辨析网络的利弊，并且通过学习法律知识，让学生深刻认识到痴迷网络的危害性、合理利用网络的优越性。

3. 情感、态度与价值观目标。

通过学习，能指出班中同学存在的不足，树立正确的上网观，有自控能力，有抵制能力，有一定的鉴别能力。

（二）班会准备

1. 学生准备。

全班分组收集有关青少年上网的数据、经典案例，与学生学习生活相关的有用的网站。推选出辩手，组成正方与反方辩论队。请学生准备介绍自己的经验和收获。

2. 教师准备。

查找有关资料；与学生、家长联系，了解学生对上网的看法，以及本班的实际情况。

（三）班会过程

1. 导入。

案例播放：一则杀人案。

两年前，小新开始沉迷网络，学习成绩陡然下降，初中还没有毕业便辍学。小新曾经偷过爸爸2000多元钱，并在网吧待了一个星期。之后，父亲对小新一顿打骂，但对小新来说已经起不到任何作用。一天晚上他去爷爷家偷钱，看爷爷奶奶已经睡了，就去翻抽屉，怕把奶奶吵醒了，就用菜刀把奶奶砍伤了再翻。睡梦中的奶奶倒在了血泊中，响声惊动了爷爷，不顾一切的小新又将菜刀砍向了他。爷爷受伤后逃出家门，小新翻箱倒柜也没有找到钱，只在奶奶兜里找到了两元钱。

事后，小新的爷爷说，那是奶奶为孙子准备的早点钱。小新捏着两元钱在村口的一个洞里躲了起来。思来想去，还是投案自首了。

讨论：网络有哪些危害性？

（学生回答：影响学业，影响学生健康成长，更有可能使人走上违法犯罪的道路等。）

教师：现在社会网络的广泛应用已经非常普遍，但是作为学生如果不能合理利用网络，而是沉迷在网络中不能自拔，这样不仅不利于学习，而且还会影响到学生的健康成长。

如果像这个案件中的小新，为了上网要去偷钱，并杀害了自己的奶奶，犯下了杀人的罪行，那更是不应该的。其实网络不仅仅是学生们想到的玩游戏，它可以给我们带来丰富的知识，拓宽我们的知识面，今天我们先来辩一辩网络的利弊。

2. 网络利弊之辩论。

主持人：首先介绍本场比赛的辩论规则：第一，由正反双方一辩亮出各自的观点，并简要说明。时间不超过4分钟。第二，由正反双方二辩辩论，时间不超过3分钟。第三，进入盘问阶段，由正反双方三辩提出问题，双方一、二、三辩都参与答辩。时间不超过4分钟。第四，由正反双方四辩作结束陈述。时间不超过2分钟。

（主持人请正方与反方学生代表就座）

主持人：现在我们的辩论主题是中学生上网利弊之比较。请双方亮出各自的观点。

正方一辩：我觉得我们中学生上网有以下几个方面的作用：

第一，必要性。这是一个知识经济的时代，信息正在以前所未有的速度膨胀和爆炸，未来的世界是网络的世界，要让我国在这个信息时代跟上时代的步伐，作为21世纪主力军的我们，必然要能更快地适应这个高科技的社会，要具有从外界迅速、及时获取有效科学信息的能力，具有传播科学信息的能力，这就是科学素质。而因特网恰恰适应了这个要求。邓小平同志说："计算机要从娃娃抓起。"

第二，实用性。网络世界资源共享，它就像一个聚宝盆，又像一座取之不尽用之不竭的“金山”，谁勤于在这座金山上耕耘劳动，谁就会有所得。你可以从中最快地查找学习资料，可以学会更多课堂外的知识，并灵活地运用课外知识，促进思维的发展，培养中学生的创造力。上网还可以超越时空和经济的制约，在网上接受名校的教育，有什么问题，你也尽可以随时通过E-mail请老师指导。

第三，现实性。教育发展比较先进的地区，学校教室都有计算机等设备。计算机课程的开设有利于普及计算机因特网知识，推动中学生家庭上网，实现远程教育与知识共享，为中小学生提供免费的网上课内外辅导，培养中小学生学习和应用信息、技术的兴趣与意识，培养学生获取、分析、处理信息的能力。

21世纪将是计算机网络时代，今日的莘莘学子将成为未来社会的栋梁，了解和掌握计算机网络知识，就是闯荡未来信息时代的最强有力的武器。所以，我方观点：中学生上网利大于弊。

反方一辩：刚才对方辩友谈到了网上教育，但网上教育不过是商家夸大其词的炒作罢了。不仅在中国，即使在美国权威杂志《今日美国》的调查也表明：86%被调查的教师、图书管理员以及电脑管理人员相信，孩子们使用因特网不会提高他们的课堂成绩。学生上网其实有诸多危害：

其一，据一项调查显示，不少学生成了小“网虫”，沉迷于网络，将90%的时间用到网络游戏上，做了网络的俘虏，为网络所累，痴迷于“网吧”、“聊天室”不能自拔。

其二，学生极易沉浸在网络的虚拟生活空间中，一旦回到现实社会就会产生一种孤独感，患上“网络疏离症”，成天高唱：“网络是我家，我的眼里只有它。”这样对心理造成严重损害。同时在生理上学生正处于快速发育阶段，但是他们一上网就是四五个小时，不仅眼睛超负荷运转，危害视力，也使得脊椎变形！

所以网络这么多弊端与网络在信息交流方面的快捷性、便利性这两利相比，难道不是弊大于利吗？我方的观点是：中学生上网弊大于利。

正方二辩：各位老师、各位同学、对方辩友，大家好！首先我想指出对方辩友刚才说的一些错误。对方辩友说美国有80%的教师、图书管理员经过调查发现，他们的孩子不能通过网络来提高成绩，可是我要问对方辩友,现在成绩能代表素质吗?我们国家现在正在推行素质教育,如果你们光讲成绩,那岂不是又回到了应试教育的死循环里了吗?

现在学校老师布置学生做PPT,查资料,我们有了网络确实是更便利了,而且网络可以拓宽我们的知识面。

反方二辩:各位评委、各位同学,大家好!刚才对方辩友说上网可以查资料,但是中学生上网就是查资料吗?下面我将系统地陈述中学生上网所造成的四大弊端:

第一,网上的信息良莠不齐,经常上网获取那些零散和不系统的知识,不但不会提高中学生的能力,反而会让学生能力退化。而且还有不少学生,因为无法处理过量的信息而患上"信息焦虑"等病。

第二,由于网络对学生具有无限吸引力,所以导致很大一部分学生沉溺于网络,从而患上"网络上瘾症"、"网络疏离症"等新型精神性疾病,这些网虫们不要家人、不要同学,脱离现实生活,完全是一群有着程序化思维的类机器人。

第三,网络传播诱发学生人生观、价值观的冲突,由于网上传播的大多是以西方国家的信息为主的信息,这往往对接触这些信息的学生脑中的中国文化产生冲击,严重的会形成另一种殖民主义。

第四,网络语言的大量使用弱化中学生的民族文化素质。网上的错别字、病句随处可见,学生长期与这种语言环境接触,不能不令人担忧。

最后,我提醒对方辩友不要对大量事实充耳不闻。

主持人:谢谢各位辩手,大家都摆出事实,说明了理由。接下来,我们进入盘问阶段,请大家领略一下辩手的锋芒与睿智。每位队员用时均为1分钟,先请反方三辩提问,时间为20秒。

反方三辩:刚才对方辩友举了我校网站的例子,可是网校里有许多垃圾信息,这也是前不久两代会代表指出的。现在我请问对方辩友,如何解决中学生自制能力差产生的四大弊端?

正方三辩:请对方辩友注意,任何新生事物在它开始的阶段都会带来一些弊端,但我们必须看到这些事物发展的前景和总的趋势,那我请问对方辩友,你是否承认在信息时代网络是一种重要的工具?请正面回答"是"或"不是"。谢谢!

反方一辩：对方辩友刚才或许没听清楚，在一辩陈词中我已指出网络是一种重要的通讯手段，还指出网络的许多问题，这就说明了学生上网弊大于利。请问对方辩友，在网上这种虚拟空间中，人与人之间的交往往往带着一个假面具，这与水中月、镜中花有什么区别？请回答！

正方一辩：在网上交往真的没意义了吗？那怎么会有那么多人上网呢？请问对方辩友，如果学生上网是弊大于利的话，那么国家怎么会把上网这个课程安排到计算机课程中来呢？

反方二辩：我想首先指出，目前国家并没有把上网课程安排到计算机课程中，还有如果像对方辩友所说的话，那么国家为什么要制定法律禁止未成年进入营业性网吧呢？再请教对方辩友，在学生上网利和弊兼有的情况下，你是如何判断利大于弊的呢？

正方二辩：我认为利是主流，弊只是在网络刚刚产生时不可避免地出现的一些弊端，刚才我方一辩、三辩已经反复强调。请问对方三辩，学以致用，电脑上网作为一门课程是否需要学以致用，是否要把上网知识付诸实践？

反方三辩：是要付诸实践，但我们所说的上网对象并不是指所有的人，我们的前提是学生，学生的判断力和自制力比较差，对网上的垃圾信息他们能够正确处理吗？刚才对方辩友无法回答判断利弊大小的标准，我现在告诉大家，首先我们从数量上判断，网络四大问题与其方便性和快捷性相比是四弊二利，难道对方辩友还要说利大于弊吗？其次，从本质上说，中学生自制力、判断力差的天性弱点与网络四大问题是不可调和的固有矛盾。所以我方再次强调，学生上网弊大于利。谢谢！

反方四辩总结陈词：下面我再一次总结我方观点：

第一，只有认识到目前网络的四大问题，我们才能去追求让网络成为一方净土。法律制裁的无奈、道德规范的苍白、技术限制的落后无不令有识之士感到忧虑和不安。许多事实告诉我们，学生上网如不加以控制的话，怎么让社会相信我们是祖国美好的未来？

第二，只有认识到学生是一个特殊的群体，才能正视现实和问题。我们中学生往往会出于好奇或冲动，刻意去寻找一些不好的网页，从而引发一系列不好的后果。

第三,只有认识到学生上网弊大于利,才能调动社会各方面的力量和各种手段来扬长避短,趋利避害。所以我们有一个梦想:在新世纪的一个清晨,当我们向人类精神家园投去一瞥时,我们广大中学生正以新面貌、新状态,迎接新挑战!谢谢!

正方四辩总结陈词:我想针对此次辩题作如下分析:

第一,关于中学生,是指13~19周岁在校学生。这类人群有以下特点:1.他们的年龄决定他们将成为明天的建设者,他们肩上担负的是托起未来的重任,他们的任务是跟上时代的脚步,及时掌握科学技术;2.中学生的年龄也使他们对新生事物既充满好奇,又缺乏自制力;3.因此,他们的生活离不开老师、家长的指导,他们的世界时时处处受到来自社会、学校、家庭的保护。

第二,关于上网。网络有着其他事物所不可替代的优势:1.可以打破时空界限,使人们无论在何时何地都能相互进行交流,可使信息处理更系统、全面;2.使信息流通更及时、便捷,所以教育选择了上网,世界选择了上网。面对网络这个五彩缤纷的空间,我们可以轻松自由地听名师讲座,可以如身临其境般地畅游奇妙太空,我们的学习不再仅限于书本,我们也逐渐拥有了科学素质。

当然,我方也不否认网络存在弊端。因为任何一个新生事物都有利有弊,中学生上网也一样。但是我们有信心说:中学生上网利大于弊!谢谢!

主持人:这次辩论到此结束,我们在双方的辩论中听到了正反辩手的精彩辩词,更在辩论中思考自己该如何正确对待上网问题,希望我班同学都能合理利用网络资源,提高学习质量。

3.学生介绍经验。

班长:我班上有几位同学平时学习成绩好,并在校、区、市、国家的电脑科技等比赛中获得了各种奖项。他们是如何把握学习与用电脑的时间,又是如何把两者都学好的?接下来请我班的小黎来说一下他的心得。

小黎:我觉得利用好网络是可以提高学习成绩的。我很喜欢英语,平时,做完了功课我会上一些网站,如:英语网,这个网站可以提供全球的热点新闻;还有英语学习网,这个网站也提供了一些英语学习的好方法。当然也有一些游戏，如果你能听懂英语的话，其中是有很多提示的，这样玩起来有指导性，我们也能玩得更好，所以玩游戏也能促进英语听力。不过在玩游戏的过程中，我们要把握好时间，不要玩起来没底，否则时间会很快过去的。我建议要玩游戏的同学一回家，首先把作业做完，然后再玩游戏，时间控制在一个小时左右。控制时间可以用闹钟，或是在电脑上设定时间，到时电脑会自动关机。

班长：谢谢小黎给我们的建议。我们班还有一位电脑神童，他多次获得电脑科技方面的大奖，人称"得奖专业户"，我们来听听他的高见吧！

小黄：班长过奖了！其实我是非常喜欢玩电脑的，但是玩电脑并不等于玩电脑游戏。我的时间还是花在学习上的多，花在电脑上的时间每天最多两个小时，双休日如果是要做作品的话就要多一些。当然，我父母看到我对电脑的兴趣，他们给我报了电脑学习班，所以我只不过是多读了一点东西，会制作一些动漫网页，借鉴已有的模板，再进行改进与发明，现在取得了一些成绩，但是学习是无止境的，我还会继续努力。

班长：谢谢两位同学的介绍。

4. 学生共同签订班级网络文明公约。

介绍班委会初步拟定的班级网络文明公约，征询同学们的意见。

初二(5)班班级网络文明公约

(一)合理安排好上网时间，浏览健康网页。

(二)不在网上发布不良信息，不能在校园网发布侮辱他人、诋毁其他班级及其他人的信息。

(三)不与陌生的网友单独外出活动，学会保护自身的安全。

(四)维护网络安全，不使用有病毒的移动设备。

(五)不迷恋玩网络游戏，有节制地开展有益于身心健康的网络活动。

学生达成共识后，举手表决，并集体诵读。

5. 班主任总结。

同学们的辩论非常精彩，双方各执一词。其实双方都有一定的道理。网络的利弊,关键在于人,在于我们自己如何对待。我认为,我们要合理利用网络资源,提高自己的学习质量,养成健康的生活方式。

这里,我向你们推荐一些优秀的网站如东方网、上海热线、解放网、新民网,浏览这些新闻网页,学生可以了解到国内外的时政,有助于学生的学习,也有助于培养学生的爱国热情。

针对我们班有的同学迷恋网络的倾向,我们大家都有责任帮助他们。对网络游戏,我认为在平时不能玩。现在学习紧张,不能分心。假期我们可以适当地玩一下,但一定要掌握好“度”,要有时间的控制。营业性网吧不能去,如果看到我班同学进入营业性网吧玩游戏,同学们应联系家长或老师,以求得帮助。家住得近的同学可以组织丰富多彩的课余活动,千万不要把时间花在玩电子游戏、聊天上。

最后,希望大家都有健康的生活方式,能充分利用高科技,合理利用网络资源,提高我们的学习质量。

本章小结

本章的核心内容是展示班级常规管理类主题班会设计方案。班级常规管理主要包括班集体建设、班级日常管理事务和班级突发事务。本章根据这三种类型分别介绍了相应的主题班会设计方案。

思考题

[1] 以“制定班规我做主”主题班会设计方案为例,分析该班主任开展班会活动所遵循的原则。

[2] 分析班级突发事务类班会活动设计的三个案例,分析不同形式的主题班会活动的优势和劣势。

参考文献

[1] 齐学红.新编班主任工作技能训练[M]. 上海:华东师范大学出版社,2007.

[2] 芮秀军.班主任班级管理经典细节及对策[M]. 长春:东北师范大学

出版社,2010.

[3] 关文信.问题学生教育指南.小学班主任版[M]. 北京：首都师范大学出版社,2010.

进一步阅读文献

[1] 张万祥. 班主任专业成长的途径:40位优秀班主任的案例[M]. 上海:华东师范大学出版社,2008.

[2] 陆海富. 班主任班级管理的艺术[M]. 哈尔滨:北方文艺出版社,2008.

第四章　道德类主题班会设计方案

道德类主题班会活动旨在对学生进行道德思想方面的教育，是学校德育最重要的内容之一。按照人们在不同场合所应遵守的不同准则可以将这里的道德分为“公德”和“私德”。这里的“公德”是指与国家、民族、社会及其他社会成员等有关的道德；而“私德”则指个人品性、作风及个人私生活中的道德。公德最重要的、最基础的内容是爱国。因此，本章将道德类主题班会活动分成三个相互关联的部分：爱国、社会公德和个人德性。这三个部分相辅相成，共同构成了中小学生品德发展的基本维度。一方面，从本质来说，爱国、公德和个人德性最终都体现在个人的思想和行为之中；另一方面，从层次来说，爱国是公民最重要的一种德性，是个人对于国家的感情；公德是公民在公共生活中对社会、他人所应持有的基本准则；个人德性则是人们在个人成长和生活中应当持有的德性。本章分别展示这三种主题班会活动的设计方案。

第一节　爱国类主题班会设计方案

爱国是人们对自己祖国的一种最深厚的感情。爱国是每个公民最起码的道德品质。爱国是公民对自己国家的一种态度：对祖国山河的热爱、对祖国文化的欣赏、对作为一个国家的公民身份的认同等等。中小学生处于爱国精神建立和形成的重要阶段，学校要充分利用其道德教育的优势引导青少年树立爱国情操。本节主要从以下三个方面来介绍爱国类主题班会设计。

一、“我骄傲，我是中国人”主题班会设计方案①

（一）班会目的

1. 让学生了解中国悠久的历史、灿烂的文化、不屈的精神。
2. 让学生在我们的飞速发展中体会未来的辉煌。
3. 激发起学生爱国的热情，感受作为一名中国人的骄傲与自豪。

（二）班会准备

1. 确立班会主题，召开全班商讨会，选出班会筹备小组，研究具体环节。
2. 确定讨论内容和节目内容，并挑选出主持人。
3. 根据内容，挑选合适的演员，进行排练。
4. 主持人写串联词，学生配合班主任制作多媒体课件。

（三）班会过程

班长：全体起立，出国旗，唱国歌，行注目礼。（四名女同学出国旗，两名男同学用黑管演奏《义勇军进行曲》，全体师生合唱。）

班长：礼毕，请坐。

（六个同学入场，朗诵诗歌《我骄傲，我是中国人》。表演者：赵鹏博、王丽君、薛婉莹、王馨冉、裴桐、李孟。引入本次班会的主题。）

赵鹏博：我站在东海之滨，
面对苍苍大海，高声说：
我骄傲，我是中国人。
王丽君：我站在巍巍昆仑，
面对茫茫雪原，高声说：
我骄傲，我是中国人。

① 王建伟.“我骄傲，我是中国人”主题班会设计[EB/OL]. [2012-8-30]. http://dxaldy.i.sohu.com/blog/view/104866100.htm.

薛婉莹：我站在南海岸边，
面对海岛椰风，高声说：
我骄傲，我是中国人。
王馨冉：我站在北极雪村，
面对漠北星辰，高声说：
我骄傲，我是中国人。
裴 桐：我走进世界的每个角落，
面对不同肤色的地球人，
我都要高声地说：
我骄傲，我是中国人。
我们是五千年血与火锻造的——
龙的传人！
李 孟：看那威严的战阵吧，
那陈列在兵马俑博物馆里的军人，
那是两千年前，我们的先人，
他们威武雄壮，捍卫着庄严和荣誉！
而今，他们从幽深的历史隧道中，
廓清了面容，带给世界的不仅是惊讶和赞叹，
带给世人的还有可资借鉴的高妙技艺！
赵鹏博：看那古老的司母戊大方鼎，
那镌刻在龟骨青铜器皿之上的文字吧。
那是我们从蒙昧和混沌中最早醒来的先人，
面对世界、面对光明，从心底间发出的，
最早的歌咏和叹息！
那标志着智慧和觉醒的线条，
舞动在历史的天空，
成为了从原初状态渐渐凸隆出——
坚韧面容的民族石像！
王丽君：看那古老的编钟，
那悠扬的乐声来自于三千岁的宫廷，

三千岁呀，有多少民族还在底层以下沉睡！
而我们的先人已经在阳光明媚的日子里，
开始了智与美的创造。

薛婉莹：看那遥远的壁画吧，
那来自于敦煌莫高窟的飞天图像，
那生动的线条、飞扬灵动的形象，
渗透了古人对艺术与美的参悟，
那不是高妙的智慧的结晶吗？

合：看那遥远的典籍、百家的著述吧，
那最先觉醒的智者站在人类历史的长河上游，
他们面对宇宙、面对社会和人生，
不是在发出声若洪钟、启示后人的妙语箴言吗？
那改变世界影响世界的先人们，
他们铸就了磅礴大气的民族魂！

主持人(王丽君)：敲响历史的编钟，浑厚而清亮声音穿越五千年悠悠岁月，在河之洲，水之湄，山之阳，海之滨，泛起层层涟漪，响起阵阵回声，在亿万炎黄子孙的心中凝结成一个共同的声音：我骄傲，我是中国人！就让我们在历史的长河中找寻中国人的足迹吧！

(进入第一乐章"遨游历史"课件显示。)

主持人(赵鹏博)：四书五经、春秋史记，航行着争流的百舸，天工开物、农政全书，映现着祖先的追求与探索。让我们跟随历史赵老师的介绍走入灿烂的中国古代文化的世界。

(历史老师登台言简意赅地介绍了中国古代有代表性的文化、艺术、科技等领域光辉灿烂的知识。课件展示一幅幅画面。)

主持人(赵鹏博)：听了赵老师的介绍后，我们心潮激荡，作为一个中国人，怎能不骄傲，怎能不自豪！那就发表一下你的感受吧！(请同学谈对中国文化的感受)

生1：中国是人类最早的摇篮之一，也是世界上文化发达最早的国家之一。从黄帝、炎帝到中华民族这条有着5000年历史的长河里，有着无数的发明创造,无数的文人雅士,无数熠熠生辉的文化艺术。我骄傲,我是中国人!

生2:古有指南针、火药、造纸术、活字印刷术,四大发明,今有神舟五号、神舟六号载人航天技术;古有举世闻名的万里长城,今有雄伟壮观的三峡工程,这多么值得我们骄傲呀!

生3:唐诗宋词,异彩纷呈,科学技术,灿烂辉煌。我太骄傲了,我是中国人!

生4:我们有光辉灿烂的过去,我们更有光明无限的未来,我们青少年一定要多学习知识和本领,为中国的更加繁荣昌盛而努力奋斗!

生5:我是文明古国的子孙后代!我们要继承和弘扬我们中华民族的精神,从我做起,从身边的小事做起,从点滴做起。

主持人(李孟):中国的文化源远流长,中国字的方正,中国话的字正腔圆,中国成语的内蕴丰富,无不诉说着中国人的聪明与智慧,就让我们共同感受成语带给我们的魅力,请欣赏相声《成语新编》。(表演者:魏金源、刘宇。)

主持人(王丽君):我骄傲,我是中国人,我们中华民族不仅有灿烂的历史,更有历史的创造者——伟大的中国人。一首《满江红》激荡起多少中国人的壮志情怀,请欣赏诗词朗诵鉴赏《满江红》。(表演者:范袁铭。)

主持人(赵鹏博):一首《满江红》,一颗精忠报国心,无数中国人的脊梁挺立起华夏不屈的胸膛,让我们听歌曲《精忠报国》。(表演者:郜世龙、王瑒、陈云鹏。)

(全班同学都跟着他们的歌曲用掌声打起节奏,并且一起合唱,将班会的气氛推向第一个高潮。)

主持人(李孟):陶醉于祖国悠久灿烂的文化之中,我骄傲,我是中国人;感受着汉唐神韵,感受着中华气魄,我骄傲,我是中国人。曾几何时,荣耀的光环失去色彩,祖国的山河备受侵略者铁蹄的践踏,狼烟四起,金戈铁马。但是,我们有不屈不挠的中国人,有英勇无畏的中国共产党人带领我们冲破重重迷雾,走过黑暗!

(进入第二乐章"走过黑暗",课件展示。)

主持人(赵鹏博):中华民族从来都是不屈的民族,我们反抗暴政,我们追寻自由;我们不惧侵略,我们渴望光明。下面让我们欣赏以古讽今的历史短剧《荆轲刺秦王》。(表演者:郭辰、郃世龙、刘宇、裴桐等。)

主持人(王丽君):一缕中国魂永远回荡在天地之间,我们骄傲于我们是龙的传人,我们自豪于我们在党的领导下走出一片光明的天地,请欣赏器乐演奏《龙的传人》、《没有共产党就没有新中国》、《绣金匾》。

主持人(李孟):不会忘记中华大地上抗日的烽火,不会忘记中国人为赶走日寇谱写的胜利赞歌,让我们用笑声再一次感受胜利的喜悦吧。

主持人(王丽君):走过黑暗,我们更加骄傲,我们是中国人;展望未来,放飞梦想,我们会更加自豪,我们是中国人;那就让我们向着世界高歌:我骄傲,我是中国人!

(进入第三乐章"飞向未来",课件展示。)

主持人(赵鹏博):在黄河壶口的惊涛里听到经久不息的激昂,在珠穆朗玛的雪海中凝视千年不变的沧桑。我们的祖国是我们的骄傲,东方的奇葩,不朽的神话。请听配乐诗朗诵《祖国赞歌》。(表演者:尹文静、李孟。)

主持人(王丽君):改革开放后的中国,发生了翻天覆地的变化,请同学们畅谈一下你都了解哪些?

生1:党的十一届三中全会后,我国各行各业迅猛发展,国防科技事业突飞猛进。中国,这个原来一穷二白的,处于挨打地位的落后国家今天已成为继美国之后的世界经济大国,使世人惊叹!

生2:香港和澳门成功回到了祖国的怀抱,让我们备感自豪和骄傲!

生3:2004年的雅典奥运会,我国体育健儿捷报频传。那么多金光闪闪的奖牌让我无比骄傲。尤其是女排姑娘们的惊天大逆转,年轻的刘翔横空出世,刮起一道"黄色闪电",刺破雅典奥运会的红光跑道。转眼,时光飞逝,2008年北京绿色奥运会让世界瞩目,这让每一个中国人都感到无比自豪、无比骄傲。

生4:神五、神六的成功发射,"嫦娥工程"的启动带给我们探索宇宙的新志向!相信,未来的中国一定会更加辉煌!

主持人(赵鹏博):同学们说得太好了,这就是我们中国的变化,也让我们跟随图片再一次感受中国的骄傲吧!(课件展示中国奥运健儿运动场拼搏,航天领域的卓越成就等。)

主持人(赵鹏博):这就是我们的祖国,同学们,难道你们还不从心底发出一声呼喊“我骄傲,我是中国人”吗?

学生激情澎湃齐声回答:想!我骄傲,我是中国人!

主持人(李孟):千年的飞天神话,百年的奥运梦想,都将成为现实,我们怎能不为之欢欣鼓舞,我多么骄傲,我是中国人啊!歌,唱起来吧,舞,跳起来吧,年轻的激情迸发,青春的节拍奏响。请欣赏舞蹈《中国话》。(表演者:张露园、程靖萱、郭阳阳、李丹、王丽君、薛婉莹。)

主持人(赵鹏博):我们的班会即将结束了,请我们的班主任王老师进行总结。

班主任总结:

亲爱的同学们,你们的精彩表现让我想起了诗人顾城的《一代人》这首诗:黑夜给了我黑色的眼睛,我却用它来寻找光明。我看到了我们祖国未来一定会在你们的手中更加辉煌。你们有黑色的眼睛,你们有黄色的皮肤,你们有松柏一样不屈的精神,你们有黄河一样粗犷的声音,你们更有一颗滚烫的爱国心,中华民族的复兴大业就在你们的一言一行的爱国实践中行进,就在你们的一点一滴的努力进取中成就,让我们所有炎黄子孙手牵着手,不分你我,昂首向前走,让世界知道我们都是中国人,自豪的中国人,骄傲的中国人!最后,让我们合唱一首《中国人》圆满结束本次主题班会吧!

(全班同学合唱《中国人》,歌声嘹亮,气氛热烈,主题班会圆满结束。)

二、迎“十一”主题班会设计方案①

(一)班会目的

1. 让学生了解祖国悠久的历史、秀美的山河、丰富的物产,了解祖国的伟大,培养学生的爱国情感。

2. 通过实践活动,使“爱国”这个抽象的概念具体化、形象化,在寻访活动中潜移默化地培养学生以祖国为荣的自豪感、使命感。

① 刘英楠. 中国名片——迎“十一”国庆节主题班会纪实[J]. 黑龙江教育,2006(10).

（二）班会准备

反映祖国历史、地理、物产的图片、歌曲或录像资料。

（三）班会过程

教师讲话：同学们，世界上最美丽的画卷描绘的是祖国的大好河山；世界上最动人的诗篇赞美的是祖国永恒的春天；世界上最神圣的情感是对祖国的真挚爱恋。祖国是我们的母亲，是世界上最美丽、最伟大的母亲，她经历了五千年的沧桑，哺育了十三亿炎黄子孙。今天，我们举行一次主题为“中国名片”的班会活动，希望全体同学共同寻访中国的伟大，亮出“中国名片”。我宣布活动现在开始，让我们以热烈的掌声欢迎两位小主持人。

主持人甲：从雄伟的万里长城到金碧辉煌的故宫。

主持人乙：从古朴的商周青铜器到精美绝伦的景德镇瓷器。

主持人甲：从影响深远的诸子百家到群星闪耀的现代思想。

主持人乙：从四大发明到“神五”飞天。

主持人甲：拥有五千年历史的中华文化可谓博大精深，流光溢彩，每一个中华儿女无不为拥有这份丰厚而珍贵的遗产感到无比的自豪。今天就让我们一同来亮出“中国名片”。

名片一：历史河山。

主持人乙：首先请“机灵脑小队”的伙伴来汇报他们的名片收获！

生：我们“机灵脑小队”的队员通过查找资料得到了很多令中国人自豪的名片！请看——万里长城永不倒。长城是世界历史上伟大的工程之一，它东起山海关，经河北、北京、山西、内蒙古、陕西、宁夏和甘肃，西到嘉峪关，全长一万多华里，是世界上最长的城墙。（出示长城图片。）

生：千里运河水长流。京杭大运河，全长近1800公里，是世界上开凿最早、路线最长的人工河。直到今天，它仍是重要的内河运输航线，并且成为南水北调的重要通道之一。（出示京杭大运河图片。）

生：四大发明传天下。造纸术、指南针、火药和印刷术并称的中国古代“四大发明”，它们是中华民族对人类的杰出贡献。（出示四大发明图片。）

生:中国是世界上最早出口瓷器的国家。早在3 000多年前的商代就掌握烧制瓷器的工艺,也是世界上最早出口瓷器的国家,许多外国人是通过瓷器才认识中国的。在英语里“China”就是瓷器的意思,可见中国是世界公认的“瓷器之国”。(出示瓷器图片。)

生:中国古典文学四大名著。罗贯中的《三国演义》、施耐庵的《水浒传》、吴承恩的《西游记》和曹雪芹的《红楼梦》并称中国古典文学“四大名著”,在世界文化史上占有重要地位。(出示四大名著图。)

生:我们的祖国不但有灿烂的文化、悠久的历史、还有着锦绣的河山!请看:我国有珠穆朗玛峰,它海拔8 844.43米,是世界第一高峰;有万岳之首的泰山,泰山日出是中外游人一直向往的美丽景色;有令人流连忘返的桂林山水,素有“桂林山水甲天下”的美誉;有辽阔的大庆油田,是我国主要的石油基地;有秀丽的江南水乡,可谓人杰地灵,是很多文人墨客的故乡;有神奇的九寨沟,这里是我们的国宝熊猫盼盼的故乡;有可爱的西湖,苏轼有一句诗曾写道:“欲把西湖比西子,淡妆浓抹总相宜。”(学生在多媒体展台上出示图片并做讲解。)

主持人甲:我们将把同学们找到的美丽的图片贴在教室里,让队员们时时刻刻看到它,为它而自豪、骄傲。

主持人乙:巍巍群山,滚滚江河,还有像翠玉、珍珠一样的湖泊,装饰着我们的锦绣中华,使我们的祖国更加美丽、更加壮观,也让我们更加自豪。下面,让我们一起来说《四字歌》——

锦绣中华,江山万里,钟灵毓秀,瑰奇壮丽。
名山大川,洞天福地,人文景观,名胜古迹。
雪域高原,第一高峰,莽莽昆仑,横空出世。
天山南北,绿洲戈壁,林海雪原,冰天雪地。
黄河九曲,逶迤天际,壶口飞瀑,磅礴大气。
长江奔腾,一泻千里,三峡湍流,千仞壁立。
百川归海,汪洋恣肆,一碧万顷,鸥翔鳞集。
文明摇篮,九州禹迹,炎黄子孙,繁衍生息。

主持人甲:谢谢你们,“机灵脑小队”的同学们,你们找到的名片真让在座的每个中国人引以为荣!同学们,让我们为他们的出色表现鼓掌、加油!

师:其实令我们引以为荣的还有很多:我们成功地战胜了“非典”、我们的载人飞船成功升空、我们是世界乒乓球大国。同学们,让我们为了不起的祖国而自豪!

名片二:杰出人物。

主持人乙:“长江东去,浪淘尽,千古风流人物。”

主持人甲:中华历史上涌现出无数杰出人物,是他们演绎了中国历史的绮丽壮阔与丰富多彩。与此同时,他们维护祖国尊严铿锵有力的话语也永远地留在了我们的心中。

主持人乙:我们“顺风耳小队”的同学们有什么收获呢。瞧!他们来了!

生:中国者,中国人之中国。可容外族之研究,不容外族之探险,可容外族之赞叹,不容外族之觊觎者也。——鲁迅

生:各出所学,各尽所知,使国家富不受外侮,足以自立于地球之上。——詹天佑

生:恨不抗日死,留作今日羞。国破尚如此,我何惜此头。——吉鸿昌

生:我荣幸地以中华民族一员的资格,而成为世界公民。我是中国人民的儿子,我深情地爱着我的祖国和人民。——邓小平

生:为中华之崛起而读书。——周恩来

生:我爱我的祖国,爱我的人民,离开了它,离开了他们,我就无法生存,更无法写作。——巴金

师:你知道他们是在什么情况下说的这些话吗?(学生介绍:略。)

主持人甲:谢谢“顺风耳”小队的同学们。

主持人乙:在中国的史书上永远镌刻着“伟大的中国精神”的字样,我们要正视历史,更要懂得在逆境中挺起脊梁才是最重要的。

名片三:中国精神。

主持人甲:“小健将队”的同学们,你们的名片找到了吗?快来说

说吧!

生:中国的近代史尽管有着屈辱,但是锲而不舍的反抗精神仍能体现出中华民族坚强的脊梁。比如林则徐虎门销烟,太平天国运动以及孙中山领导的辛亥革命,无产阶级的诞生等等。忘记历史等于背叛,懂得批判地继承才能传承民族精神。

生:我们不会忘记,中国革命的胜利是无数先烈用生命换来的。“中国精神”就是一张最有力的中国名片,它包括百折不挠的“井冈山精神”、一往无前的“长征精神”、艰苦奋斗的“延安精神”和永不停息的“西柏坡精神”等。(学生详细介绍四种精神:略。)

名片四:国旗时刻。

师:正是这种伟大的中国精神激励着我们一代又一代中国人,正是这种伟大的中国精神,我们的五星红旗一次又一次地在国际舞台上升起,那升起的国旗不断地向世界证明了中国的日益强大昌盛! 下面,让我们一起来欣赏“千里眼小队”的同学为我们带来的录像片:国旗升起的庄严时刻。

(播放录像)

1. 1949年10月1日中华人民共和国宣告成立,毛泽东主席亲自升起了第一面鲜艳的五星红旗,并宣告:“中华人民共和国成立了,中国人民从此站起来了!”全国人民激动万分,每一个人都在为祖国自豪!

2. 1960年5月25日凌晨,中国珠穆朗玛峰登山队,在王富洲的率领下,首次从北坡中国境内登上了世界最高峰,在山顶上插上了五星红旗。

3. 1984年,中国射击队员许海峰获得那届奥运会的第一枚金牌,五星红旗首次在奥林匹克运动会领奖台上升起。

4. 1984年12月,中国长城站落户于南极圈外的乔治王岛上,第一面五星红旗插上了南极洲。中国长城站是中国的第一个南极考察站,代表中国人对南极的考察将一步一步取得成功。

5. 1997年7月1日零时,激动人心的神圣时刻到来了:中国人民解放军军乐队奏起雄壮的中华人民共和国国歌,中国国旗和香港特别行政区区旗一起徐徐升起。

师:同学们,看了这么多,听了这么多,此时此刻,你们一定有许多的感受，一定有话想说。下面的时间就交给在座的所有同学，请大家畅所欲言，设计一张你最感动的“中国名片”，好吗？（音乐伴奏《歌唱祖国》，学生设计交流。）

主持人甲：中国名片！壮美的山河，博大的文化，悠久的历史将永刻我们心中，成为我们前行的动力！

主持人乙：中国名片！古代的开拓者，现代的改革家，当代的风流人物是我们心中永远的楷模，我们当永世铭记！

三、践行“八荣八耻”主题班会设计方案[①]

（一）班会目的

1. 通过主题班会，使学生懂得荣辱的重要性。

2. 通过主题班会，使学生深刻认识到“天下兴亡，我的责任”和“班级兴亡，我的责任”的强烈使命感和班级荣誉感。

3. 通过主题班会，学习“八荣八耻”，明辨是非荣耻，使学生树立正确的人生观、价值观和道德观，增进心灵和情感的沟通和交流。

（二）班会准备

1. 向学生印发“知荣辱，树新风”倡议书。

2. 利用网络、书籍、报纸等收集有关资料，进行朗诵、歌谣、小品等的排演。

3. 出一期以“树立荣辱观，从小事做起”为主题的黑板报。

4. 购买材料并布置好教室：在黑板上写好班会的主题；班会主题字下方写好誓词；前方主席台之上备有签字的幕布、签字笔等。

5. 布置好本班多媒体教室，检查计算机、投影机、话筒等，保证其正常使用，挑选男女两名普通话标准、大方、热情的同学进行训练，准备担当班会主持人。

6. 组织以“我心中的荣辱观”为主题的征文活动，并挑选男女两名演讲较好的同学准备班会上演讲。

① 王广保，王兰娜.践行“八荣八耻”主题班会设计方案[J]. 教学与管理，2007（1）.

(三)班会过程

1. 乐曲声起,引入班会主题。

——电影《上甘岭》主题曲《我的祖国》声中,拉开班会序幕,领导和老师入场,主持人登台。

——主持人点出班会主题,发出号召。

主持人男:胡锦涛总书记2006年3月4日看望出席全国政协十届四次会议的委员时提出,要引导广大干部群众,特别是青少年树立"八荣八耻"的社会主义荣辱观。

主持人女:"八荣八耻"涵盖了爱国主义、集体主义和社会主义思想的丰富内容,是中国传统美德和时代精神的完美结合。

主持人男:八荣八耻的根本是什么呢?我常常想,当一个人以八荣八耻为镜子的时候就明白自己更多些;当一个人终身以八荣八耻为镜子的时候,他就能与世界上最伟大的人们比肩齐高!

主持人女:八荣八耻告诉我们什么?

生1:作为青少年的我们要刻苦努力地学习,用知识报效祖国,要崇尚科学。

生2:作为一个中国人,就得热爱自己的祖国,这是最基本的。

——谁能把"八荣八耻"完整地背出来。

以热爱祖国为荣、以危害祖国为耻。

以服务人民为荣、以背离人民为耻。

以崇尚科学为荣、以愚昧无知为耻。

以辛勤劳动为荣、以好逸恶劳为耻。

以团结互助为荣、以损人利己为耻。

以诚实守信为荣、以见利忘义为耻。

以遵纪守法为荣、以违法乱纪为耻。

以艰苦奋斗为荣、以骄奢淫逸为耻。

2. 模范践行"八荣八耻",名人故事联播。

——让学生讨论找出模范践行“八荣八耻”名人。

请听这一串光辉的名字：

周恩来，他一生服务人民，鞠躬尽瘁，死而后已。

钱学森，中国导弹之父，美国说他抵三个师，在新中国诞生后毅然回到自己的祖国。

李四光，当外国专家定论中国没有石油时，他自信地说：科学证明中国有储量丰富的油气。

焦裕禄，将灾难中的兰考人民紧紧团结起来，与风沙盐碱战斗到生命最后一刻。

孔子，早在2000多年前就教育他的弟子要诚实。在学习中，“知之为知之，不知为不知”。他认为这才是诚实守信对待学习的正确态度。

邱少云，为了大部队的行动，坚守纪律，强忍着烈火烧身直到牺牲。

雷锋，一双袜子补了又补，却寄钱救济战友的家人。

——启发深思：这些鲜明的事例告诉我们什么？

不管是过去，今天还是将来，八荣八耻的根本就是如何学会做人，做一个对社会负责，对祖国人民有贡献的人。反之，那些遗臭万年的八耻类人物将会永远被人民和时代唾弃。

——听名人故事，回答问题。

第一个故事《包拯：正人先正己》。

问题1：请大家用八荣八耻中的一句话来概括这个故事。（答案：以遵纪守法为荣，以违法乱纪为耻。）

问题2：由这个故事引出的一个歇后语，包公斩包勉的下句是什么？（答案：正人先正己）

第二个故事《陶侃：惜食如金》。

问题1：请大家用八荣八耻中的一句话来概括这个故事。（答案：以辛勤劳动为荣，以好逸恶劳为耻。）

问题2：有句名言解释为“即使是一顿粥、一顿饭，也应当想到它来得不容易；即使是半根丝、半根线，也要想到劳动的艰辛。请问这句名言是什么？（答案：一粥一饭，当思来之不易；半丝半缕，恒念物力维艰）

第三个故事《宋庆龄：遵守诺言》。

问题1:请大家用八荣八耻中的一句话来概括这个故事。(答案:以诚实守信为荣,以见利忘义为耻。)

问题2:诚信是做人立身之根本,也是人际交往中的一个重要原则,其基本要求是什么?请用六个字概括一下。(答案:言必信,行必果。)

第四个故事《白居易:怒打行贿人》。

问题:请大家用八荣八耻中的一句话来概括这个故事。(答案:以遵纪守法为荣,以违法乱纪为耻。)

3. 学习践行"八荣八耻"汇报表演。

——男声快板表演:"八荣八耻"歌谣:

爱国爱校爱集体,为了祖国齐努力。
做人不能顾自己,服务他人记心里。
好逸恶劳是耻辱,参加劳动要积极。
勤俭节约不能忘,铺张浪费要摒弃。
尊老爱幼是美德,团结友爱创美誉。
诚实守信最重要,做人诚信要牢记。
克服困难争上游,崇尚科学数第一。
自觉遵纪又守法,不要违规又违纪。
知晓荣辱会做事,争做文明小卫士。

请女同学们表演"八荣八耻拍手歌"

——女声共同表演:"八荣八耻"拍手歌:

你拍一,我拍一,八荣八耻要牢记;
你拍二,我拍二,为了祖国要出劲;
你拍三,我拍三,铺张浪费要揭穿;
你拍四,我拍四,做人不能自顾自;
你拍五,我拍五,好逸恶劳是耻辱;
你拍六,我拍六,我们尊老也爱幼;

你拍七，我拍七，崇尚科学属第一；

你拍八，我拍八，诚实守信人人夸；

你拍九，我拍九，法律法规要遵守；

你拍十，我拍十，争做文明小卫士！

4. 畅所欲言话荣耻。

——师生交流，畅所欲言，班会进入高潮。

——学生代表谈学习、生活，表态度和决心。

——男女两名学生以“我心中的荣辱观”为主题，进行演讲比赛。

——小结：“播下一种思想，收获一种能力；播下一种行为，收获一种习惯；播下一种习惯，收获一种性格；播下一种性格，收获一种命运。”记住这句话：“态度决定一切”。让我们共同努力，模范践行“八荣八耻”，为树立校园新风、创建文明班风做出不懈努力。

5. “牢记八荣八耻，创建文明班级”签名活动。

全体与会人员共同签名，明辨荣耻，为树立校园新风、创建文明班级齐努力。

6. 班主任老师做总结，发出号召，以此班会为起点，端正思想，转变作风总结：我们班每个同学都有自己的荣辱观，知道做什么事是光荣的，做什么事是可耻的，希望同学们荣光荣之事，耻可耻之事。让我们共同努力，为校风、班风的进一步好转，为社会新风尚的建立做出我们的贡献。

7. 班会结束。

在《风雨彩虹 铿锵玫瑰》的优美歌声中宣布班会圆满结束。

第二节　社会公德类主题班会设计方案

社会公德（social ethics; social morals），简称“公德”，是人们在长期的社会公共生产、生活过程中逐渐形成的并要求每个社会成员在涉及公众利益的活动中应当遵循的道德准则。公德是维持社会公共生活和谐以及社会成员之间有效互动的调节机制。中小学生是正在或即将参与社会公共生活的重要人员，培养他们的公共德性是教育义不容辞的责任。社会公德的塑造首先要从培养公民意识入手，让中小学生意识到自己的公民身份及其责任，在此基础上树立具体的公民德性，如社会责任心、慈善精神等等。本节列举了公民意识、慈善和诚信这三类主题班会活动的设计方案。

一、"公民意识"主题班会设计方案[①]

（一）班会目的

1. 让学生理解"公民道德规范"二十字的含义，争做文明小公民。

2. 培养学生良好的道德品质，根据自己的道德认知能力、道德判断能力，就不同的环境和具体情况做出最佳判断，做出相应的道德行为。

3. 学生能自觉地按《小学生日常行为规范》内容规范自己的行为，由此使学生注重良好习惯的养成，不断提高自身素质。

（二）班会准备

1. 班主任培养学生道德品质的准备。

人的道德品质的养成是从零岁开始的，可是，我们的家长更注重的是儿童的养育，老师则注重的是儿童的智力，忽视了对孩子的道德品质教育，使儿童的一些不良品质在孩提时代就形成了，到了成人后再进行纠正和教育，结果是事倍功半，德育低效，甚至无效。因此，让学生养成好习惯尤为重要。班会以身边的人、平凡的事为内容，达到让学生自己教育自己的目的。

2. 学生应做的准备。

学生收集有关同学、邻里、父母、兄长文明或不文明行为的资料（摄制录影带、拍摄照片、写成文字材料等）。

学生查阅与文明、习惯有关的资料，思考作为一名学生应该养成哪些好习惯，从自身感受谈起。

学生编排表演有关文明行为的小品，摄制录像带，拍摄照片，撰写文字材料等。

① 纪微. 在集体中健全人格[M]. 长春：东北师范大学出版社，2010：37-44.

3. 教室的布置。

黑板:"争做文明小公民"("文明"两字比其他字大,字的颜色也不同。)

墙报:"爱国守法,明礼诚信,团结友善,勤俭自强,敬业奉献"。

宣传栏:学生拍摄的有关文明行为的照片,学生画的有关文明行为的漫画,学生写的有关文明这个话题的文章。

(三)班会过程

1. 学生看思想道德公益广告《将爱心传递下去》。

主持人:我们都渴望拥有良好的公共环境,这个良好的公共环境要靠我们所有人去创造。现在,国家颁布了公民的基本道德规范,作为小公民的我们也同样要遵守。请看思想道德公益广告《将爱心传递下去》。

《将爱心传递下去》的故事内容是,晚上妈妈给儿子洗完脚以后,又给婆婆洗脚,孩子看到妈妈的举动后立即也给妈妈端来一盆洗脚水。

2. 学生齐背《公民道德建设实施纲要》最基本的二十个字。

主持人:刚才同学们看的片子是根据《公民道德建设实施纲要》的内容拍的,让我们一起背诵一下其中最基本的二十个字。

全体同学:爱国守法,明礼诚信,团结友善,勤俭自强,敬业奉献。

3. 学生们看自己拍摄的录像,指出不文明行为。

主持人:下边我们做个游戏,名字叫"黄金眼"。游戏是这样的:我们先播放同学们拍摄的一些片子,大家看看片子中有哪些不文明的行为,然后进行抢答,答对一题加十分,最后我们评出前三名。

第一个片子内容:画面中依次出现一个"注意防火"的牌子,牌子上还画着一团火和一个灭火器,写着电话号码、地址、贴着小广告的宣传牌、广告牌等。

主持人:请回答片子中哪些行为不文明?开始抢答。

生:在街头竖立的宣传牌多半是电脑刻字,既美观又规范。可有些不讲文明的人,为了自己的方便或为了搞点恶作剧,涂改上边的字或在上边写和画。这种行为不文明。

第二个片子内容:在动物园的狮虎山,一只老虎正在睡午觉,旁边立有禁止向动物扔杂物的警告牌,但还是有不少人向老虎身上扔石头要把它砸醒。在熊山,许多人一边逗狗熊一边将手中的东西投给狗熊,有香肠、香蕉皮、苹果核等。

主持人:请回答片子中哪些行为不文明?开始抢答。

生:不让动物好好休息,乱投东西给动物吃,动物会生病甚至死亡,这种不爱护动物的行为不文明。

第三个片子内容:春天,刚发芽的柳树枝上只剩下稀稀落落的一点儿柳芽;夏天,绿油油的草坪上有的人在踢球,有的人躺在上面;秋天,香山的路上有的游人手里拿着红叶;冬天,有人用力踹树,恶作剧,使树上的雪落在别人身上。

主持人:请回答片子中哪些行为不文明?开始抢答。

生:花草树木可以净化空气、美化环境,这种不爱护花草树木、不保护环境的行为不文明。

第四个片子内容:马路被挤得水泄不通,一辆小汽车堵住了对面一大串车的去路。汽车司机在那儿赌气,不但不让,还索性下车耗着。有的人急得直接按喇叭,可小车就是不理,行人从车的缝隙中穿行。

主持人:请回答片子中哪些行为不文明?开始抢答。

生:只考虑自己的利益得失,不为他人着想,影响交通,这种行为不文明。

第五个片子内容:画面依次出现滴着水的水龙头,大白天开着灯的明亮教室,扔在垃圾箱里的馒头、白纸。

主持人:请回答片子中哪些行为不文明?开始抢答。

生:这些人不爱惜粮食,不节约水、电等,他们这种行为不文明。

4. 学生看自己拍的照片,指出不文明的行为。

主持人:同学们做生活中的有心人,拍了些照片,请你看一看照片中反映了哪些不文明的事?

第一张照片内容:挂在电线上的风筝。

文字内容:风筝说:“偏在天桥上放!偏在天桥上放!这回满意了!”

主持人:你能说一说你看后的想法吗?

生:在天桥上放风筝很危险,风筝挂在电线上还影响都市景观,这些人公德意识淡漠。

第二张照片内容：狭窄的楼道中堆放着杂物。

主持人：你能说一说你看后的想法吗？

生：在楼道里堆放杂物，一是影响住户们走路，二是存在不安全的隐患。这种人缺乏公德意识，不讲文明。

第三张照片内容：残缺的垃圾桶。

文字内容：垃圾桶说："别把我的上衣拿走！"

主持人：你能说一说你看后的想法吗？

生：有些人偷走垃圾桶套在自己家的煤气罐上，方便了自己，却损害了他人。因为没有外桶，垃圾全都暴露在外面，影响了我们街道的美观。这种人太不道德了。

第四张照片内容：一群学生在麦当劳内大吃大喝，身上穿着名牌衣服，手上戴着高级手表。

文字内容：生日PARTY，一学生讲："我老爸有的是钱，随便点！"

主持人：你能说一说你看后的想法吗？

生：不努力学习、工作，衣来伸手，饭来张口，对父母不关心体谅，缺少爱啦。连自己的父母都不关心的人，很难说会关心他人和社会。

5. 学生自我教育，《文明，就差这一点》（小品）。

主持人：习惯的养成不是一朝一夕能完成的事，这就要求我们每个人严格约束自身言行，做到天天遵守、时时克制，直到非常熟练，成为生命的一部分，想丢也丢不掉，便成了好习惯。对于一个集体，只有多数人养成了好习惯，才能形成好风气；只有形成了好风气，才能促使其他的人更加进步，才能使我们的社会更加美好。下面由同学们表演自编的小品节目，《文明，就差这一点》。

第一个小品：

旁白：为了保护同学们的视力，每周的星期一我们都要调换座位。今天又到了星期一，小智一大早来到教室。

小智：先坐到上周座位上，把兜里的东西整理好，放到本周要坐的座位上，又用抹布把以前用的桌子里外擦干净。

旁白：一会儿，小慧也来到教室。

小慧:也像小智一样先把原来的位子整理好,然后再坐到自己的新桌子上。

旁白:同学之间应该团结友爱,举手之劳间传递着友情。

第二个小品:

旁白:小区里新建了健身场,每天都有很多人到这里锻炼身体。

同学甲:在双杠上健身。

同学乙:在做仰卧起坐。

同学丙:荡秋千。

同学们都在玩着自己喜欢的项目。

一会儿,同学们交换彼此的健身器材。

旁白:物质生活提高了,精神生活更要提高。健身同时又健心,身心都健康。

第三个小品:

旁白:某企业招聘人才,这天来了两位应聘者,他们条件相当。

人事经理:你应该十点钟来应聘,为什么迟到了?

应聘者甲:(小腿不停抖动)我起晚了。

人事经理:你为什么要来我公司应聘?

应聘者甲:我要月薪丰厚,我要福利劳保,我要房子车子,我要……

(洋洋得意样)

人事经理:对不起,我们公司不用你这种不守时,没有任何贡献就提条件的人。

应聘者甲:低头退场。

旁白:紧接着人事经理叫进第二个应聘者。

应聘者乙:(进门前在脚垫上蹭掉鞋上的土,敲门后,得到允许后进入)您好,我是来应聘的。

人事经理：请坐！

应聘者乙：谢谢！（落座）

旁白：正在这时，进来一位长者。

应聘者乙：迅速起立，为长者让座。

旁白：很快面试结束，应聘者乙有礼貌地和经理告别，走到了门口，发现在过道的地上有一个烟头。

应聘者乙：弯下腰捡了起来，扔到了过道拐角的垃圾桶里。

人事经理：请你下个星期上班，先试用三个月。不过，我想你这个素质高的人会通过试用期的。

6. 学生讨论交流有关文明的话题。

主持人：我们看了这么多、听了这么多有关文明这个话题的事例。现在，同学们自由讨论交流对文明这个话题的看法。

生1：同学们都喜欢看动画片，我给大家放一段《蜡笔小新》里“小新遛狗”的故事。

故事内容：小新出发前，妈妈给了他一个黑塑料袋和铲子，让他将小狗随地拉的大便铲起装进袋子里。小新很听话，最后还把盛有小狗大便的塑料袋带回了家（他还以为妈妈有收集小狗“便便”的爱好呢）。我想这虽然是个笑话，但养宠物的人都应该像小新那样，遛狗时带上袋子和铲子，这样，小狗的“便便”就再也不会满地都是了。

生2：上星期日，我去图书馆的大自习室看书，可是自习室里一会儿手机响，一会儿又QQ响，吵得整个自习室的人无法安心看书。我想这些拿手机的人，在公共场所，如电影院、图书馆、会议室等地方，应将手机的铃声关掉或设置成振动。

生3：我先给大家讲一个小笑话，名字叫“创造”。

儿子：“妈妈，什么叫创造？”

妈妈：“比如你做出了别人没做过的事，这就叫创造。”

儿子：“啊，我懂了。比如昨天晚上，你叫我趁下雨从阳台上往下倒脏水，这就叫创造。”

这是个笑话，也不是个笑话。因为，在生活中就有这种人，他们不讲文明,不讲道德,把垃圾乱倒,影响市容。我觉得我们应该从身边小事做起,不乱扔废弃物,保护环境卫生。

生4:现在天凉了,感冒的人多了,在公共汽车上,在地铁里或其他人多的地方,咳嗽的时候要捂着嘴,以免影响他人健康。

生5:我想我们要学好英语,了解外国人的一些礼仪方面的知识。在世界各个国家的人们面前展示我们中国人的精神面貌。我们除了会使用中文的礼貌用语外,还要会使用常用的英文礼貌用语,现在,我说中文,请你们说出英文。

早上好!(Good morning!)

下午好!(Good afternoon!)

晚上好!(Good evening!)

请这边走!(This way,please!)

不用谢/你太客气了。(You are welcome.)

对不起/很遗憾。(Sorry.)

谢谢。(Thank you.)

有什么可为你帮忙的吗?(Can I help you?)

您好!(How do you do?)

回头见。(See you later.)

多保重/再见。(Take care.)

认识您太好了。(Nice to meet you.)

我们不但要自己会说这些礼貌用语,还要当小老师教自己的亲戚朋友们说。

7.班主任总结。

在这次班会的准备和召开过程中,我高兴地看到每一个同学都积极主动、认真地参与到整个活动中来,表现出了极高的主人翁精神和热情,希望大家将这种积极进取、勇于创新的精神发扬下去。

这是一次非常成功的班会,大家通过从身边收集到的很多不同方面的小事,认识到习惯虽小,造成的影响却很大这个道理。因此,我们要按《中小学生日常行为规范》中的要求规范自己的言行,从我做起,从小事做起,从现在做起,做文明人,共建文明、美好的幸福家园。

二、“大爱无边”主题班会设计方案①

（一）班会目的

1. 利用慈善家田家炳先生的事迹，激发学生的向善心。

2. 培养学生的社会责任感和大爱精神。

（二）班会过程

主持人：王磊、张芸（以下简称磊、芸）。

磊：有一位年近九旬的老人，家财万贯，富甲一方，却依然穿着旧鞋和带补丁的袜子。

芸：他捐助了大大小小250多所学校，曾捐助过我们学校600万人民币，他的美名在中国教育界流传。

磊：同学们，你们知道他是谁吗？

同学们：（齐声）田家炳先生。

磊：对，就是我们所敬爱的田家炳老先生。八年前，他出资600万帮助我校初步实现了教育现代化，他还拿出了更多的600万资助全国各地的其他学校。

芸：三年前，田老先生第三次到我校的场景还历历在目。现在让我们采访一下同学们，看看大家对田老先生了解多少？（答略）

磊：130所中学、80余所大学、40多所小学，都受过他的捐赠。成立于24年前的“田家炳基金会”迄今为止已累计捐资10亿多港元用于中国的教育、医疗、交通等公益事业，其中教育捐助所占的比例高达90%。

芸：还有这样一个人，他虽然没有万贯家财，却默默地资助那些陷入困境、需要帮助的人。他用自己人生最后的18年，改变了300多名特困学子的人生命运。

磊：是啊，金钱不是衡量爱的天平，这位老人用他的实际行动，证明了这一点，他的精神更折射着人性、仁爱的巨大光芒，他就是被称作“驮在车轱辘上的丰碑”的白芳礼老人。

① 王金秋. “大爱无边”主题班会[J]. 中国德育，2007（10）.

芸:下面就让我们通过一个视频短片,来认识一下这位伟大而平凡的老人。(播放短片)

磊:一个是亿万富翁,一个是退休工人,两个身份不同境况不同的老人,却做着同一件感动中国的事——支教助学。

芸:了解了两位老人的事迹后,我发现我们的同学流泪了,是什么能让你们如此感动呢?

生1:两位老人的事迹深深感动了我,我在想是什么驱使他们做出这样的选择? 对,是爱,对别人的关爱;是责任,对社会的责任感,他们理应受到全社会的尊敬。

生2:看了白芳礼老人的事迹,我想,很多人都会像我一样不理解他为什么这样做,他有退休金,有儿女奉养,完全可以过上幸福安康的晚年生活,但他却选择了支教,他奉献出一片宽大而博爱的心,他比我们活得更幸福,更有价值。

生3:白芳礼、田家炳两位老人不求名、不求利,无私奉献、支教助学,是出于一种自觉的、对社会高度负责的使命感和责任感。

生4:我记得田老先生曾说过:"常怀感激之心尽己所能回报社会,是我一生不懈的追求。"人活着,应该做一些有意义的事,为社会献出一份爱。类似田老先生那样拥有亿万财产的人不是很多,但像田老先生一样关注社会慈善事业的人很多。下面就说这样一位老人,他叫曾德梅,也许大家不是很熟悉,但他所在的仙游县,一提到曾老,每个人都会投去赞许的目光。曾老先生历经七年,走访当地各大企业进行募捐,共募得善款600多万元,资助了2800多名学生。当记者采访曾老先生时,他说:"我只是想多帮助一些人,为社会作一点贡献,来回报社会。"朴实的话语中包含了对于贫困学子的关爱。

磊:这是爱,是一种无我的大爱,它无言,因为它只是默默地付出;它无痕,因为它在心灵深处,荡起涟漪;他无边,因为它让人间处处充满温暖。下面请欣赏配乐诗朗诵《爱的奉献》(略)。

磊:爱是没有国界的,曾几何时,一位外国学子跨越大海高山的阻隔,与中国结下了不解之缘。他是一个热血的德国青年,却一头扎进了中国最穷的西部山区从事义务教育,一晃已经6年了,是到了他该回国的时候了,看,他正收拾着行装,准备回国呢！请看小品《千里之外》。

芸:这个小品取材于德国青年卢克安的故事。(背景:德国青年卢克安来中国留学,学业有成时,他来到广西最贫穷最落后的山村支教,6年过去了,卢克安的签证已到期,而他想加入中国国籍的愿望还没有答复,他不得不回国……)

磊:整整6年,卢克安将自己的积蓄和家人的资助全部投入到所从事的工作中,担负起山村的义务教育。他屡遭磨难误解,但依然无怨无悔。

芸:看完这个小品,我们的班会课也将接近尾声,我相信这次班会能给大家许多有益的启示,大家一定能从中有所收获。

生1:人的生命在于爱,这种爱不仅是爱自己,更重要的是爱别人,用自己的爱去温暖别人,照亮别人。作为祖国的未来和希望,我们要学习的正是他们这种勇于承担责任、无私奉献的精神。

生2:通过这堂主题班会,我深深感受到流动在我们身边的一股爱的暖流,它是如此亲切与温暖。但爱绝不仅仅是接受,在我们接受爱的同时,更要懂得回报,以一颗感恩的心去回报关心我们的人,回报整个社会。只有这样,爱才不会消失,爱才会充满世界。

磊:这堂班会课上,我们认识了香港著名实业家田家炳老先生,天津退休工人白芳礼老人,一位来自异国他乡的青年卢克安,他们的事迹深深感动着我们。其实,我们身边这样的好人还有很多很多,让我们为天下所有的好人献上一曲《好人好梦》。(全班合唱)

磊:青春是我们一生中最美的季节。

芸:当一个人的青春融汇到一份事业中,他的青春就不会远去,而这份事业也必将在岁月中折射出耀眼的光芒。

合:同学们,让我们共同祈祷,衷心祝愿——春满神州,爱在人间！

三、寻找有责任感的“我”主题班会设计方案①

(一)班会目的

责任感是学生走向社会的“通行证”,责任感教育是学校德育工作的

① 吴中. 寻找有责任感的“我”——情境主题班会实录[J]. 班主任,2003(11).

重要内容。通过本次情境主题班会活动使同学们感知责任，培养责任感，做一名有责任心的中学生。

（二）班会准备

1.《满江红》磁带一盒、《中国少年先锋队队歌》磁带一盒、录音机一台。

2. 排练小品《考试》。

3. 选学生嘉宾四人。

4. 场景布置：以讲台为中心，围成半圆形。左边是主持人席，桌上放着鲜花，右边为嘉宾席。

（三）班会过程

两位主持人同时上场，齐说"同学们好"。

主持人甲：明清著名思想家顾炎武曾说："天下兴亡，匹夫有责"。

主持人乙：北宋思想家范仲淹曾说："先天下之忧而忧，后天下之乐而乐"。

主持人甲：教育家陶行知说："人生天地间，各自有禀赋，为一大事而来，做一大事而去"。

主持人乙：是啊，这些说的都是"责任"。可见，责任两字是多么重要、多么不可缺少啊。今天我们"实话实说"就围绕责任这一主题谈谈自己的认识和感想。

主持人甲、乙：首先让我们齐读班会主题。

全体同学：寻找有责任感的"我"。

主持人甲：今天被邀请的嘉宾有：李浩同学、陈佳妮同学、吴亮同学、沈淑娇同学。下面让我们以热烈的掌声欢迎几位嘉宾上前就座。

主持人乙：接下来让我们调整一下情绪，一起来听歌曲《满江红》，感受抗金名将岳飞那种厮杀沙场、气壮山河的英勇气概和精忠报国的崇高责任。（播放《满江红》）

主持人甲：听了《满江红》，我相信每个同学的心灵都感受到了震撼，每个同学的心灵深处都充溢着沉甸甸的责任感。

主持人乙：责任两字时时存在、处处存在，岳飞身上体现的是爱国爱民、精忠报国的责任。俗话说："一屋不扫，何以扫天下"。下面我们就从小处着眼，谈谈我们作为一个学生应担负起的责任。

主持人甲：沈同学，你在同学的心目中是一个负责任的人，你能否谈谈你对责任两字的理解，你又是怎么做的？

沈：现代汉语词典上对"责任"有两种解释，一是分内应做的事；二是没有做到分内应做的事，因而应当承担的过失。所以我认为做好我们应做的事，就应该算是负责任了罢。我是语文课代表，因此，在做好个人的事情的同时也要做好课代表的工作，比如及时地收发作业，传达老师布置的任务，把同学的语文学习情况、存在的问题及时向老师反馈。

主持人乙：我想问问李同学，你是咱班的大个子，请你从自己的角度出发，谈谈你的责任观好吗？

李：我认为，对于我们中学生来说，培养良好的责任感非常重要。责任感不是虚幻的，是看得见、摸得着的。我们要从一点一滴小事做起，培养自己的责任感。比如寝室内务要整理好，要搞好卫生，不睡懒觉，做好值日工作，等等。我这个人比较懒，好多事情都做得不够好。课间在教室里东跑西跳，违反课堂纪律，这些都是不负责的表现。当然我现在已经意识到了，也正在改正，我想我这个学期已经比上个学期有了很大的进步，自律、自理能力也有所加强。当然还没达到最好，但我会努力的，请同学们相信我，并提醒、监督我。

主持人甲：谢谢×××同学的坦诚。是的，对一个学生来说，上进心是很重要的，要求上进也是一种责任的体现。下面我们来听听同学们的看法。

（同学们纷纷举手示意要求发言）

生1：我想我班大部分同学是能够吃苦耐劳、有责任感的，像李响、官娟、朱俊芳、龚甜甜、王超、吴亮等同学，不管在学习上还是在生活上都非常负责。特别是李响同学，不仅成绩好，而且非常勤俭节约。这就是对家庭、对父母、对自己负责的表现。

生2：我们班是先进班级。作为先进班级的学生要更加严格要求自己，可有的同学做得还很不够。

生3:个别同学有乱丢纸屑现象,把纸屑丢在垃圾筒外面。

生4:还有的同学在班里、寝室里吃零食,课间在教室里大喊大闹,一点不像先进班级的学生。

生5:有的值日生工作不认真,总是忘了倒垃圾,这是不负责的现象。

生6:我们寝室有几个人晚上熄灯后还讲话,被吴老师批评、教育后,没过几天老毛病重犯,这是不负责任的。

生7:自习课上有个别同学不能保持安静,看见老师来了装模作样,老师一走出教室,他又原形毕露,"大闹天宫"。

生8:班里徐双、冯睿、舒宇航等同学把拾到的钱交给老师,这是负责的表现,这种拾金不昧的精神值得大家学习。相比之下,有个别同学有小偷小摸行为,班里、寝室里都有钱物丢失现象,我认为这种人太可耻了。

生9:吴亮同学,你是班里纪律委员,你对班里个别学生违纪行为是怎么看的?你觉得你的责任是什么?

吴:我是班里的纪律委员,我认为,我们班整体是好的,不遵守纪律的只是个别同学。我身为纪律委员,理应管好班级纪律,为创造良好的班风而尽心尽责。我要做好表率、起模范带头作用。我也希望其他班干部一起来维护班纪班规。我想,只要我们每个同学都自己负起责任,管好自己,那么我们班级一定会更上一个台阶。

主持人乙:吴亮同学讲的极是,只要人人都负起责任,管好自己,由他律转为自律,再由自律走向律他,那么我们什么事都能够成功。但在校园学习、生活过程中,总有这么一些同学明明自己缺少责任感、不负责任,可偏偏要把责任推给别人。下面请看由吕一、江宁等同学表演的小品"考试"。

(吕一、江宁、童敏、舒宇航四人表演小品"考试"。小品所反映的是在考试时,乙向丙偷看,丙不但没有劝阻,反而给予方便,被老师发现,还搪塞、推托。丁坐在后排明明看到这种作弊行为,不但没有报告,反而说什么也没看见,采取明哲保身的态度。)

小品结束。

主持人甲:刚才小品演得很好,不知嘉宾有什么想说的?

沈:同学乙在考试时偷看人家是不对的,是不负责的表现,当老师发现他作弊时,他还强词夺理,说因为自己不懂,做不出来才偷看。试想,不懂、做不出来就可以偷看吗？要知道作弊是一种严重违反考试纪律的行为。

李：同学丙也有错误，她不应该把试卷给乙看，她应该对乙同学的行为加以制止。

陈：同学丁明明看见前面同学作弊，却不报告，反而做起大好人来，说没看见，这是伪君子行为，也要受到批评。

吴：这种自护其短、不负责任的现象非常典型，不仅反映在考试上，在其他方面也常常看到。上次二年级有两位同学在外面追逐，其中有一个同学逃到草坪上去了，被政教处主任撞见，问他知不知道草坪是不可以走进去的，这位同学竟脸不红、心不跳地说是那一位同学推他进去的。把责任全都推给别人。再如×××同学寝室里值日工作没做好，卫生间地面没拖干净，老师问他知不知道这是你的责任，这位同学竟好像没事一样说：我睡过头了，来不及拖了。你睡懒觉没按时起床这是谁的责任啊？

主持人乙：今天我们的班会主题是寻找有责任感的“我”，通过此次班会，愿同学们都找到那个有责任感的自己。我觉得要培养良好的责任感，首先要对自己负责。因为只有对自己负责了，才能对家庭负责、对班级负责、对学校负责、对社会负责。

主持人甲：我觉得责任心与自信心是密不可分的。责任心有赖于自信心的依托。很难想象，一个对自己没有信心的人会有很大的责任感。下面请女生代表朱俊芳同学展示我班女生的自信。她们要对男生发起挑战。

朱俊芳：初一(1)班的全体男同学：我代表初一(1)班的全体女同学向你们发出挑战，比比谁对班集体的贡献大。你们虽然聪明，但是你们很多人有惰性，有依赖、贪玩的毛病，对自己一点不负责任，没有好的习惯，做事情没有一点毅力和恒心，心浮气躁、好大喜功、浅尝辄止。所以，我们完全有信心，有能力战胜你们。

主持人乙：听了女同学的挑战，男同学有何反映呢？(男同学推举王超同学应战)

王超：感谢女同学给我们提出的宝贵意见，我们会永远铭记在心的。我们男同学确实存在这样、那样的问题和缺点，也有的同学缺乏责任心，但我相信,我们能改掉坏习惯的。我们会负起我们的责任,我们愿做负责的人。现在我代表初一(1)班的全体男同学接受你们女生的挑战。我们相信我们一定能胜利,男同学有没有信心?(有! 男同学振臂欢呼)

主持人甲:是啊,人生能有几回搏,现在不搏待何时。现在正是我们学习的大好时机,莫等闲白了少年头,空悲切。如果我们现在不好好学习,头白了,也就真的没有机会了。班会接近尾声,下面按照惯例,请四位嘉宾各总结一句话。

沈:责任在我心中。

李:让我们对得起父母,对得起老师,对得起自己。

陈:树立自信,刻苦学习,勇攀高峰。

吴:明确责任,告别"三闲"(闲话、闲事、闲思),掌握方法,提高效率。

主持人乙:最后,请班主任吴老师讲话。

班主任:同学们,这次班会开得很成功,同学们的发言很精彩,提出的问题很尖锐,值得我们每一个同学深思。通过这次班会使我们每个同学对"责任"两字有了进一步的认识和理解。中华民族是敢于负责的民族。"国耻未雪,何由成名",这是爱国之责:"长太息以掩涕兮,哀民生之多艰",这是爱民之责;"春蚕到死丝方尽,蜡炬成灰泪始干",这是奉献之责;"谁言寸草心,报得三春晖",这是孝敬之责;"板凳要坐十年冷,文章不写一句空",这是为学之责。认真学习,报效祖国应是我们当代中学生的责任。古人云:"天下之本在国,国之本在家,家之本在身"、"身修而后家齐,家齐而后国治,国治而后天下平"。我希望每个同学从自己做起,修好自身,为将来齐家、治国、平天下打下坚实的基础,练好过硬的本领。我相信同学们会用行动来证明我们是负责的,我祝愿初一(1)班蒸蒸日上,永远进步。谢谢!

主持人甲:希望初一(1)班记住今天的誓言。

主持人乙:希望初一(1)班明天更有责任感。

主持人甲、乙:最后让我们放声歌唱《少先队队歌》。主题班会在歌声中结束。

第三节　个人德性类主题班会设计方案

这里的个人德性侧重于强调人们在个人生活中所应持有的道德观念和道德行为。它是人们对一个人进行价值和道德评价的主要依据，也是个人获得自我评价和自我认知的依据。一个有道德的人往往在个人生活中体现出富有感召力的精神和行动。本节主要从感恩心、诚信和应对挫折这三方面来展现个人德性类主题班会活动的设计方案。

一、"感恩——亲情"主题班会设计方案①

（一）班会目的

结合具体内容，对学生进行亲情教育，帮助学生正确处理与父母的关系，进行中华民族优良传统教育和道德教育，增强德育工作的针对性、实效性和主动性。

（二）班会准备

准备相关素材，制作多媒体课件，编排小品和舞蹈节目。

（三）班会过程

（播放背景音乐《懂你》）

主持人甲：世界上有一种琐碎的爱，她的名字叫母爱。阴雨时节，一把雨伞送来了她的深情；傍晚时分，一杯牛奶送来了她的关怀。

主持人乙：世界上有一种宽容的爱。它的名字叫父爱，像高山似大海，它包容着一切。多么宽容的父爱，多么博大的襟怀。

主持人甲：可是，我们对父母又了解多少呢？有这样一句广告词："世上所有的父亲都知道儿子的生日，可有多少儿子知道父亲的生日？"如果我们也不能准确地回答这个问题，就请我们一起走近我们的父母，为自己设立一个感情账户。下面，先请大家听一段朗诵《爹不懂得怎样表达爱》，

① 林波. 为自己设立一个感情账户——走近父母篇[J]. 中学政治教学参考，2004（11）.

听后请谈谈你的感想。(学生谈感想,此处略)

主持人乙:也许,父母对我们的关爱更多地表现在琐碎的言语和行动中,不用心体会很难察觉,但这种关爱却实实在在地存在着。处于青春期的我们在自己的感情账户中存入的第一笔感情存款应当是“理解父母”。

【多媒体投影】存款一:理解父母。

主持人甲:下面请大家一起回忆生活中父母给予我们的点点滴滴的浓浓的爱。有谁能说出来和大家分享?

生1:自小我就患有气管炎,每个月都要到医院去报到。因为这,我很小就懂得了爸妈的爱,懂得了这种无法用言语表达的爱。一个下着大雨的深夜,我的气管炎发作了,父母不顾一切地抱着我冲向医院。忽然,我感到一颗心在剧烈地跳动,它明显比我的呼吸来得更为急促与紧张。等我稍稍清醒过来才发现自己正在爸爸的背上,妈妈在一旁为我打着雨伞。透过路边朦胧的灯光,我看见大滴的雨点打在爸妈的脸上。他们顾不上拭去脸上的雨水,继续往医院赶。那一夜,爸妈一直陪在我的身旁,见到他们憔悴的脸庞,我的心被深深地牵动着。我不知道自己想说些什么,只是觉得心里一阵阵酸痛。就此,我开始明白爸妈的爱是那么的无私,那么的真挚。

主持人乙:生病本来是一件痛苦的事,可痛苦被父母那份浓浓的爱化解了,这何尝不是另一种幸福呢?

生2:记得上小学时,有一天天气骤冷,我蜷缩在教室一角,瑟瑟发抖。看着其他同学的父母都送来了衣服,我不禁在心里埋怨妈妈:“你为什么就没想到给我送件衣服呢?”说来真怪,想着想着,妈妈就来了。时至今日,我依然很清晰地记得当时的情景,妈妈穿着一件单薄的外衣,脸色苍白,看得出她很冷。可她的手里却拿着一件厚厚的大衣,我知道那是给我的。妈妈对我说:“傻孩子,不听妈妈的话,冻坏了吧!”顷刻间,我被一股暖流紧紧地包裹了起来,一句话也说不出来。

主持人甲:听完这个故事,我想起了孟郊的诗:“慈母手中线,游子身上衣。临行密密缝,意恐迟迟归。谁言寸草心,报得三春晖。”

生3:上学期我迷上了网络游戏,父亲把我狠狠揍了一顿,我向他保证不再去了。几天以后,一个同学又来约我,我看父亲走了,就又跟那同学进了网吧。也不知玩了多久，正玩得高兴时，忽然有人踢了我一脚，我正想大骂，天哪！是我的父亲，他的脸色可真吓人。可他这次没打我，他竟然流泪了。从此，我再也没进过网吧。

主持人乙：俗话说，严是爱，松是害。这种严何尝不寄寓着父亲对儿女深切的期盼！谢谢前面三位同学给我们带来的精彩讲述。相信在每一位同学的内心都深藏有类似的故事，它将积淀起来，伴我们走过一生。

主持人甲：父母对我们百般呵护，无微不至。他给了我们最无私的爱，最慷慨的情，最深切的期待，我们对父母又如何呢？下面让我们来欣赏小品《母与子》。

（反映的是母亲请儿子做事，儿子竟提出用钱来交换）（看完后提出辩题：该不该要求用钱来换）（学生辩论，此处略）

主持人乙：生活中有很多小节，看起来很平常，也常被我们忽视，但我们大家应进行换位思考，站在父母的角度想一想，他们会有怎样的感受呢？所以，在感情账户中应存入的第二笔感情存款应当是"注意小节"。下面请同学们回想一下，日常生活中是否有过类似的、不注意小节而给父母带来感情伤害的举动？有谁能谈谈？

【多媒体投影】存款二：注意小节。

生4：记得那是一次期中考试，我考得很差，从来没考得这么差过，所以自己心里挺难受。回家后，我就一个人愣愣地坐着，父亲猜出了我的心思，没有问我的考试成绩，只是关切地端上一碗面来给我吃，我却一把将面弄翻在地。父亲吃惊极了，他默默地收拾着地板上的东西。那一刻，我真想上去帮忙，但我不敢，我没有这个勇气。

主持人甲：是啊，这就是父母的爱，虽然有时它看起来那么繁琐而讨厌，但它却是世间最圣洁、最伟大的爱。也许，从前它曾被我们一度忽视。那么今天，就让我们真诚的忏悔，奏响我们走近父母的最动人的篇章。下面让我们来看一张图片（屏幕呈现图片）。

主持人乙：这两位老人是一对母女，母亲已是80有余，女儿也已年过花甲，然而她仍坚持每天为母亲梳头，陪母亲聊天，在母亲膝前尽女儿的一份孝心。最简单的动作，最质朴的表达，没有华美的修饰，没有惊人的壮举却折射出中华民族最优良的传统、最珍贵的品质、最崇高的美德。同学们，难道我们不应该为之动容，为之起敬吗？那么，我们又该如何报答父母的养育之恩呢？下面请大家看一则Flash短片（以下是短片中配音的内容）。

妈妈，我来哄你入睡

幸福，像一个蹒跚学步的孩子手里拿着的鸡蛋，一不小心就会被轻易地打破了。

妈妈被医生诊断为精神分裂症，经过漫长的求医旅程，她的病没有多大起色。最让我们心痛的是，她整夜整夜都无法入睡像个受到惊吓的孩子，时不时尖叫、哭泣。

爸爸要出去上班，照顾妈妈就成了我们兄妹三人的工作，可是妈妈的病情实在让人担心。她稍稍清醒些就会无缘无故地感到万分愧疚，要不是我们机警，她多次的自杀行为险些得逞。怎样才能改变这一情形呢？

有一次，我偶然给妈妈读了一个书上的故事，她听得很投入，居然慢慢安静下来，然后踏踏实实地入睡了。这一发现让我欣喜若狂，我仿佛看到了希望，感觉夜都不那么黑了。从那一刻起，我也对书产生了强烈的感情，可是家里仅有的几本书很快就读完了，从别人那里听来的几个故事也讲完了。那一天，妈妈早早把灯罩擦亮等着听故事，可我却什么也说不出来。她发起了脾气，摔碎了热水瓶，那一地的碎片告诉我，一定要想办法去借书了。

那时候，农村没有几家有书的，而有书又愿意借给我的人更是微乎其微。因为别人把我看成是疯子的女儿。但不管他们说多么难听的话，我都不在乎，只要他们能借给我书就行。

那些漫长的夜晚，小虫振着翅膀飞来飞去，窗外是孩子们做游戏的嬉笑声。而我则安静地守在妈妈的床前为她读书，妈妈被书中的故事情节迷住了，她的脸在灯光下平静而美丽。就这样，故事成了我们的救命法宝。妈妈清醒的时间越来越长，甚至能为我们做饭了，她又变成了那个慈祥的妈妈。我们感觉又回到了从前的幸福时光。

可是好景不长，不久后我就无书可借了。在没书的日子里，我做梦都梦见自己在读书。在为妈妈读书,读着读着,书突然被一阵风吹走……我简直要像妈妈似的疯了。也就在那段日子里,妈妈在一个深夜突然失踪,当我们找到她的时候,她已奄奄一息了。这个灾难性的打击逼出了我的智慧,我决定要自己编故事,讲给妈妈听。那时候我上三年级,现在想起来那是一个多么大胆的决定呀!

在那些艰难的日子里,我挖空心思编着一个又一个故事,在妈妈的床前绘声绘色地讲给她听。慢慢地我们俩都进入了情节,我讲得眉飞色舞,她听得全神贯注。讲到好人遇难时,她咬牙切齿;讲到坏人被惩罚时,她高兴得连连拍手称快。看着妈妈的笑脸,仿佛围绕着我们家的阴影完全消失了,全家人的心情也都随之变好。到现在也没有人知道,那些美妙的故事是一个8岁的孩子编出来的。她最大的愿望就是为了让妈妈能甜甜地入睡。

这样的情形一直持续到我考上大学。我要离开家了,令人兴奋的是妈妈也不再轻易犯病,几乎与正常人没有什么区别了。大学毕业后我有了工作,有了家,住在离妈妈很远的地方。由于在妈妈生病的日子里,我养成了酷爱读书的习惯,因此那段独特的生活培养出了我超常的记忆力、出色的口才和文彩,也培养了我待人接物的爱心和耐心,让我在工作中有着较为出色的表现。在生活中赢得许多肝胆相照的朋友,让我一生都受用不尽。我想这也许都是病中的妈妈给我的吧,我希望有机会再去哄妈妈入睡。

主持人甲:家庭需要理解,多一点理解就多一分温暖。就让我们敞开心灵的窗户,用真情架起爱的桥梁,用真心去体谅父母的苦心,用行动去善待父母的爱心!感情账户的第三笔存款应是“付诸行动”。

【多媒体投影】存款三:付诸行动。

主持人乙:下面请大家听一篇配乐朗诵,听完后请谈谈对你的启示。(在朗诵的同时屏幕上呈现用Flash制作的朗诵内容)

做一碗面给父亲

我是在母亲外出后的第三天有了这个念头的。

父亲这一辈子没有得到什么尊重，书读得不多，没有多少学问。据说上学的时候学习还是可以的，只是生不逢时，没有赶上好时代，无法像他的儿子一样参加一次高考，只好留在家里做农民。

母亲不在家的时候，父亲也会在厨房里装模作样。只是他只会在我放学的时候端来一碟腌萝卜。这么说也许不算贴切，他偶尔也会变换一下花样，有一次他就曾经端出来一盘腌黄瓜。

现在这种生活不知从什么时候起已经悄悄改变了模样。母亲不在家的时候，已经50多岁的父亲开始吃上了我做的腌萝卜。

父亲在附近的一个厂子里面打一份工，做木工，很脏很累。早上7点他要骑自行车准时赶到，中午不回家，晚上要7点下班，很辛苦。而我白天要上班，下了班还要写点稿子，看能不能发表出来，换回几斤鲜萝卜。当然主要是因为进厨房做饭对我来说同样完全陌生，而且满身的油烟呛得人难受。所以我不愿意下厨做饭。父亲回到家只好捧一盘萝卜啃几口馒头，喝口水，然后自己在客厅里看会儿电视，抽几根烟，过会儿进屋睡觉。

幸好父亲对这种生活也知足，从来没有表示出什么不满。如果父亲表示一点异议的话，我早已经准备好了他的口头禅：君子远庖厨。这也算是父亲一辈子远庖厨的代价。

习惯成自然，我们就这样生活了这么多年。当然偶尔我们还是会从外面买点熟食回来，但这样的日子毕竟是少数。

那天姥姥住院了。母亲要去陪几天床，我正好放假，赋闲在家。我整天啃着母亲买好的方便面，惬意地敲打着键盘，闲下来就听听音乐，看看电视里面的肥皂剧，昼伏夜出的日子闲适而随意。早上我还在蒙头呼呼大睡的时候，父亲已经悄悄地出去上班了。他晚上回来的时候，我已经结束了一篇文章，正在养精蓄锐，准备挑灯夜战。除了几句平常的问候和早上晚间“咔嗒咔嗒”的开门关门声，很少听到父亲的声音或者我根本注意不到父亲就这样凑合着过了两天。

可是在母亲离开家的第三天晚上，一阵尿急把我从睡梦里面叫醒，我趿拉着拖鞋直奔卫生间。经过客厅的时候，我看见电视里面有一群孩子一边咿咿呀呀地唱着歌，一边不时做放电触电状，父亲倚在沙发上。“爹,还不睡啊?”我边跑边问,没有回答。

等我出来的时候,才发现父亲其实已经歪在沙发上,睡着了。

一枝还没有掐灭的烟斜在烟灰缸里,一缕烟向空中扩散,四处缠绕。一只袜子已经脱了下来,卷成团扔在旁边,另一只却仍然套在脚上,父亲蜷缩着身子,手里面还攥着遥控器。他的头发杂乱地竖立在头上,鬓角的丝丝白发点缀在黑发中间特别扎眼,嘴微张着,胸前的衬衣已经湿了一片而涎液还在轻轻地顺着嘴角流下来,劳累了一整天的父亲,就这样睡着了。那一刻我才发现父亲已经老了。一阵愧疚像潮水一般涌上心头,我忽然感到以前曾经敲打过的那些道貌岸然的文字是那么肮脏。我的父亲已经50多岁了却还在为生活而忙碌奔波。他一米七几的个头儿,体重却还不到111斤。我完全可以让父亲过上快乐而幸福的日子,可我却没有,哪怕是为他煮一碗清汤面。

50多岁的父亲就这么委屈地生活着。我却还在整天抱怨着他的“君子远庖厨”,在为我的懒惰和恶毒寻找借口。“醒醒,爹,醒醒,进屋睡吧。”我轻声地拍醒了父亲,同时也拍醒了我自己。从那刻开始我决定做一个好儿子。我决定今后为了父亲而学习做饭,哪怕只是为父亲做一碗清汤面。

生5:平时我在家中尽量敞开心扉与父母进行交流,把高兴的事与他们一起分享,也要倾听父母的工作情况为父母分担忧愁和辛苦。

生6:我爸爸最近迷上了打麻将。我要配合妈妈,用我们的爱去转化爸爸,让爸爸有一个健康正常的业余生活。

生7:我爸妈上高中时成绩很好,但由于历史的原因,没能参加高考。我要好好学习,不让他们操心,通过我的努力,考上理想的大学,完成他们未完成的心愿。

生8:我妈妈下岗了,家里生活很艰难。我要和他们一起面对生活的挑战。我想没有我们过不去的坎,因为有爱就有希望。

甲:多么感人的话语,多么真挚的情感。正在走向独立的我们,可能会与自己的父母有目标、理念和行动上的隔阂,有时甚至会产生矛盾和对立,出现向感情银行提款时出现透支的情形。如果出现这种情形,该如何处理呢?我们的正确做法是:勇于道歉。有位同学曾有过类似的经历,下面请她给大家说说经过。

【多媒体投影】存款四:勇于道歉。

生9:初二时,一天我过生日,邀请了一些朋友来我家做客。妈妈忙了一整天才准备好饭菜。我们在外面堂屋中高高兴兴地吃。妈妈走了,留下一张纸条让我把碗筷洗掉,而我却不情愿地把碗筷胡乱冲了一下便出去了。晚上回到家里才发现妈妈病了,我觉得很惭愧。我对她说:“妈妈,我不知道你身体不好,对不起妈妈,要紧吗?”妈妈慈祥地把我搂在怀里:“不要紧的,我的乖女儿长大了。”

主持人乙:刚才的同学向妈妈表达了发自内心的悔疚之情。这无疑又向感情银行增加了一份感情存款。是啊,当我们透支这种情感时,应像这位同学那样,勇于道歉。例如:“是我不对”,“我对你不够尊重,十分抱歉”,“在别人面前令你下不了台,虽然是无心之举,可是也不应该,我向你道歉”。

主持人甲:由衷的歉意是正数,但习以为常就会被视为言不由衷,变成负数。下面请同学们欣赏舞蹈《酷龙》,用我们的活力和才艺来回报父母对我们的关爱。(舞蹈欣赏完毕后,背景音乐《懂你》淡入,主持人上台)

主持人乙:父母用爱托起了我们的生命之舟,滋润了我们干涸的心田,抚慰了我们稚嫩的心灵,温暖着我们一生。可我们的父母正一天天老去,如果,哪一天父母离我们而去了,我们的心会不会感到空寂?我们的心里会不会充满内疚和自责?

主持人甲:同学们,请珍惜这份爱吧!因为这种爱只有今生,没有来世。

主持人乙:同学们,请把握这份爱吧!因为它会使我们成为感情银行中最富有的人,会为我们带来一座开掘不尽的宝藏!

主持人甲、乙:让我们用真情和行动,不断地向感情账户存款充实吧!谢谢大家的合作!(背景音乐由弱变强,主题班会结束)。

二、“诚信”主题班会设计方案①

（一）班会目的

1. 通过感性的话剧使同学们对“诚信”有更深刻的认识。

2.让学生明白“诚实为本，守信做人”的重要。

（二）班会过程

投影：撒旦的魔杖。

“没有信用，就没有秩序，市场经济就不能健康发展。”（江泽民）

材料1：2000年国家出台《助学贷款管理办法》，政府对贫困大学生贷款给予了大力支持。然而谁也没想到，银行在到期追讨贷款时，这些大学生很多都自动“隐身”了，令银行无可奈何和尴尬。

材料2：随着就业形势的紧张，一些毕业生使用假材料、假成绩单甚至“克隆”别人的获奖证书以骗取用人单位的信任，以至为了增加用人单位的信任度，一些优秀大学生不得不发动“信用革命”。

材料3：报载，我国每年因产品质量低劣和制假、售假造成的损失达2000多亿。近年来，由于缺乏诚信而导致严重后果的事件接连不断：朔州假酒案使山西白酒业险遭灭顶之灾，南京陈馅月饼事件使当年全国月饼销量锐减。

序幕：天使的羽翼。

主持人甲：冰雪覆盖的时候，我们需要一堆篝火来取暖。

主持人乙：暗夜无边的时候，我们需要点点星光来指引。

主持人甲：如果没有真诚，生活便没有分量，好比天使折断了翅膀。

主持人乙：如果没有信用，生活便没有温暖，好比撒旦挥舞着魔杖。

主持人甲：天使的翅膀碎了，落到人间，成了我们的忧伤。

主持人乙：诚信的背囊抛了，散到世上，成了撒旦的魔杖。

主持人甲：诚信是面旗帜，面对篝火，我们需要带上火柴才能取暖。

主持人乙：走进暗夜，我们需要拨开心头云雾才能看见满天的星辰。

---

① 顾春红. 天使的羽翼——公民道德之“诚信篇”主题班会活动设计[J]. 基础教育，2004(9).

主持人甲:同样,诚信需要我们每个人支撑,才能焕发生命的光彩。

主持人乙:是的,我们就是那天使的羽翼,只有大家努力,诚信的翅膀才能翱翔。

主持人甲:因为有了“诚信”二字,刘邦的约法三章传为美谈。

主持人乙:因为有了“诚信”二字,商鞅变法得以推行。

主持人甲:莎士比亚说,真诚是伪善的天敌,它能赢得所有人的心。

主持人乙:雨果说,大海是冬季的礼拜堂,背信是地狱的礼拜堂。

主持人甲:我们还记得那些故事,手捧空花盆的孩子坐上了王位。

主持人乙:还有美丽的公主拒绝了父王那美丽却没有香味的鲜花。

主持人甲:“人无信而不立”的故事熏陶了我们几千年,诚信一向是我们人类引以为傲的美德。

主持人乙:美丽的故事就好像是天使美丽的羽翼带给我们无尽的受益。下面就让我们一起来欣赏话剧表演《赵氏孤儿》。

话剧:赵氏孤儿。

内容提要:晋灵公三年,赵朔及其家人被害,临死时将自己的唯一骨肉托付给他的手下程婴。由于仇家得知其有一男孩,他要想方设法护送赵氏孤儿出城……

主持人:故事进行到此,程婴应该何去何从?是牺牲自己和家人保全赵氏还是交出赵氏保全自己及家人?如果是你,你会做何选择呢?(热烈讨论后)

生1:我认为应保全孤儿,因为受人之托,就该不惜一切代价来完成自己所答应的。

生2:我同意,既然给了别人承诺,就一定要实现自己的诺言,不应失信于人。而且程婴是赵朔忠实的部下,如果为了保自己而牺牲赵朔孩子的话,那是不忠。赵朔对程婴有知遇之恩,他那样做便是不义。不忠不义之人,也不会有脸面再活在这个世上了。

生3:我认为这样做太极端。如果程婴能找个孤儿来替代,用个“调包计”就能两全其美,两不相害。

生4:这位同学的想法太过于理想化,这样不是害了其他无辜的婴儿?程婴是侠义之士,我相信他不会这样做的。

生5:诚信乃诚实守信,一言九鼎,古仁人素来取义重于舍身,所以,程婴一定会选择舍身而取义。

主持人甲:刚才我听出同学们的讨论中,"舍生取义"者占了绝对的优势。看来,"诚信"在我们现代人的眼里并没有贬值,正如大家所料,程婴做出了"牺牲自己,保全孤儿"的选择,如果说是"士为知己而死,人为诚信而亡",这样的死毫无疑问是重于泰山的。

主持人乙:在漫漫人生路上,人究竟能选择什么?该选择什么?

主持人甲:选择诚信,因为它比金钱来得可靠,比机敏来得憨实。

主持人乙:选择诚信,因为它比美貌更具内涵,比荣誉更具时效性。

主持人甲:让我们带着诚信上路。下面请欣赏诗朗诵《采撷世间最美的》。

朗诵:《采撷世间最美的》。

女:盈盈月光,我掬一杯最清的,落落余晖,我拥一缕最暖的。

男:灼灼红叶,我拣一片最热的,萋萋芳华,我摘一束最灿的。

合:漫漫人生,我要采撷世间最美的——那就是——诚信。

女:它是小朋友将拾到的一分钱放到警察叔叔手里时脸上的欣喜。它是少先队员宣誓时眼中的闪光。

男:它是焦裕禄推开乡亲的柴门送去的那一阵春风。它是孔繁森将藏族老妈妈冻伤的双脚捂进怀中的深情。

女:它是开国领袖面对新中国第一缕曙光,作出的中国人民要翻身做主人的承诺。

男:它是一代伟人回望珠海盈盈碧波决意改革开放。是中国人要富起来的召唤。

女:诚信是诚恳。诚信是守信。

男:诚信是诺言。诚信是行动。

合:不要抛弃它。让我们用心采撷世间最美的——那就是——诚信。

结语:诚信不可抛。

主持人:聆听美丽的诗句。我们心如璞玉。进行到此。我们的主题班会也告一段落。下面请我们的班主任讲话。

班主任:"诚信"是作为一个现代人应具备的最基本的素质之一,康德曾经说过,这个世界上只有两样东西能引起我们内心的震撼。一个是我们头顶上灿烂的星空。另一个就是我们心中崇高的道德准则。诚信是一种力量,她让卑微者退缩,让正直者强大。我相信同学们一定将会在"诚信"的引导下成为一个个社会的栋梁之材的。

主持人:感谢班主任对我们主题班会的总结。希望同学们能够牢记"诚信"这一准则。以"诚信"去建设我们的未来。

尾声:与诚信同行。

主持人甲:诚信就如同雨后的太阳,给阴暗的心灵带来了生机与活力。

主持人乙:诚信是一枚古老的种子,给冷漠的社会注入了温暖的血液。

主持人甲:诚信是一枚凝重的砝码,指向生命的真谛。

主持人乙:诚信是高山之坳的清泉,能够洗尽浮华。

主持人甲:拥有诚信,一根小小的火柴,可以燃亮一片心空。

主持人乙:拥有诚信,一朵小小的浪花,可以飞溅起整个海洋。

主持人甲:天使用诚信作绷带,医好了飞翔的翅膀。

主持人乙:我知道,撒旦的谎言会被揭穿,他的魔杖会失灵。

主持人甲:我相信诚信的力量,它可以点石成金,触木为玉。

合:让我们共同呵护天使的翅膀,与诚信同行。

合唱:让世界充满爱。

三、"挫折教育"主题班会设计方案①

(一)班会目的

1. 通过活动让学生敞开心扉,诉说自己的苦闷、彷徨、困惑和正面临的挫折,引导学生理清思绪,振作精神,踏勘前行。

2. 通过介绍名人故事、身边故事,感受人物坚忍不拔的毅力,并用名人名言、凡人小语来熏陶和激励学生,战胜困难,战胜自我。

(二)班会准备

分组收集资料、处理信息、编制脚本、配好音乐、选好演员、排练等,老

① 高剑香,王均宏. 阳光总在风雨后——"面对挫折,我们踏勘而行"主题班会实录[J]. 学校党建与思想教育,2006(1).

师准备好多媒体设备。

(三)班会过程

1. 情境导入启发思考。

——主持人宣布活动开始。

主持人甲:人生犹如行程,有鲜花,也有荆棘;

主持人乙:有平坦,也有坎坷。

主持人甲、乙:生活不可能总是一帆风顺,总会遇到这样那样的困难和挫折。

——通过游戏创设情境。

主持人甲:瞧,那位盲人叔叔正在干什么?(表演盲人越过障碍物取东西的游戏)

主持人乙:(表演结束后)你刚才扮演盲人取物有什么感受?(表演者谈感受)

2. 切入主题体验挫折。

主持人甲:同学们,生活中,学习时,我们也经常会遇到大大小小的挫折,也许你正面临着这样那样的困惑,愿意向大家畅所欲言吗?(学生畅谈内容略)

主持人乙:听了大家的一个又一个困惑,你认为挫折在我们的成长过程中到底是有利还是有弊呢?请认为有利的坐到左边,认为有弊的坐到右边。我们把意见不同的两方分别称为正方和反方,来召开一个小小辩论会。

(屏幕显示艺术字“小小辩论会”)

正方:挫折就像一股带乌云的雷阵雨,过来时,我们心中也就会被这重重的乌云所遮盖,但这些总会过去的。雨过天晴,阳光总会灿烂!所以我方认为挫折是通向成功的门槛。

反方:也许你认为挫折是通向成功的门槛。但我方认为挫折使人苦闷、彷徨、无奈,对我们健康没有什么好处。

正方:我方认为人们总会想方设法战胜挫折,而战胜挫折后总会给人带来胜利的感觉。

反方:但是我们青少年,耐挫力毕竟有限!

正方:意志薄弱的人正需要挫折来磨炼啊!

反方:受不了打击怎么办? 可能会使他(她)走上绝境。去年邻校一名学生因此而投河自杀,难道不是最好的证明?(掌声)

正方:我方认为挫折常常在我们对自己认识不清,或偏离目标、脱离实际的时候,亮出黄牌警告,使我们清醒过来,认识到环境和客观条件的困难与障碍,看清自己行动的某些失误或不妥,给人以心理压力,催促人调动全身的力量去克服困难,使人经受锻炼,迅速成长。

正方:当我们考试失败后一定会重新得到好的成绩,这,对方辩友也一定有所经历吧!

反方:是啊。这不正是同意我们的看法吗?(掌声)

反方:刚才我举证邻校一名学生投河自杀,难道不是最好的证明?(掌声)

正方:我方认为他的死比鸿毛还轻! 我敢肯定这不是在座各位所追求的最高境界!(掌声)

反方:敢问对方辩友你认为的人生最高境界是什么?

正方:当然是“生得伟大,死得光荣”!(掌声)

主持人甲:请大家安静一下! 既然正反双方各执一词,那么请班主任来为我们这次辩论会作个小结,大家欢迎。

班主任:我提议用热烈的掌声为刚才各位同学的精彩表现喝彩! 同学们,挫折本来不是好的,但只要我们勇敢面对,战胜挫折和困难,我想大家一定会成为强者!

3. 联系故事畅谈体会。

主持人乙:大家一定知道不少名人故事,讲出来给大家听听,也许同学们会从中受到启发。

生1:小说《红岩》中的华子良是根据一个真实的革命前辈原型塑造的人物。华子良为了早日逃出死牢,与党组织取得联系,长期装疯。在装疯的日日夜夜里,他不但要忍受敌人的污辱、折磨和所谓“考察”,还要忍受自己同志的种种误会。他把自己的真实感情全部控制住,强迫自己装出疯癫的样子。最后他瞒过敌人,逃出监狱,与党组织取得了联系。这是一种多么强大的自制力啊!(播放《红岩》片段)

生2:英国有一位作家名叫约翰·克里西,他年轻的时候,创作很勤奋,可是得到的却是接二连三的沉重打击——743封退稿信。但他没有气馁,继续努力。终于,他的“愈挫愈奋”的勇气,征服了一次又一次的挫折。到他逝世为止,一共出版了564本书。

生3:众所周知,我国载人航天飞船——神舟五号顺利返航,我国航天员杨利伟选择向梦想挑战,不仅实现了梦想,同时也成了14亿中国人的骄傲。他在圆了自己一个梦的同时,也圆了中华民族几千年的一个梦。(出示相关视频短片)

生4:贝多芬一生遭到的挫折数也数不清,贫困逼得他快要上街行乞;双耳失聪,对他的打击更是沉重,他一直把自己关在家里,但是病残磨炼了他的意志,激发了他的进取精神,《第九交响曲》等辉煌作品是他人生价值的体现。(出示贝多芬像,题:我要扼住命运的咽喉——贝多芬)

生5:当我拿起《世界发明家的故事》时,使我想起了书中曾介绍过的爱迪生在发明留声机的一段辛酸。那是一个夜晚,爱迪生在伏案研究,一场大火无情地烧毁了所有关于留声机的资料。但是爱迪生没有因此不再去研究留声机,而是更加认真了。爱迪生那种不怕困难的精神值得我们学习,他没有因为一点挫折就撒手不干。(出示爱迪生发明成果资料)

生6:同学们,张海迪的故事你们一定听说过吧!她从5岁起到现在病痛始终折磨着她,但是,她面对越来越强大的病魔始终没有屈服。她曾经出版了8本小说、散文和译著,虽然她连小学的门槛也没进过,却取得了哲学硕士学位。现在又在攻读博士学位课程,并且投入了电影剧本的创作。同学们,张海迪这样面对挫折,让我们得出:“自古雄才多磨难,磨难使人刚强,刚强使人成才。”(出示张海迪的新闻图片)

生7:司马迁是我国汉代伟大的史学家、文学家和思想家。他年轻时,就立志要做一番事业。后来做了太史令,专心致志于《史记》的写作。但因一次事件受到株连,触怒了汉武帝,被捕入狱,受到酷刑,肉体和精神遭遇重大创伤。出狱后,为了完成《史记》的写作,他“隐忍苟活”,百折不挠,以顽强的毅力写成了计有五十多万字的辉煌著作《史记》。

生8:中国女排摸爬滚打,17年后终于再获奥运冠军殊荣。(播放女排拼搏场面,首都机场凯旋的图片)

生9:在社会上,有许多面对挫折毫不屈服的人。如哑巴锁店的一对哑巴夫妻,大家知道,他们不仅生活美满,还服务于社会。大家还知道,永灵书店的老板,一个瘸子,我们经常去他们那里看书、买书,他们自强不息的精神,难道不值得我们学习吗?(出示外景照片)

生10:"SARS"曾肆虐部分省市,但全国上下在党的领导下,团结一致,众志成城,知难而进,敢于胜利,终于取得抗击非典的阶段性胜利!(抗击非典的图片新闻)

4. 现场采访体验。

班长:今天我们还特意请来了二(七)班的周敏同学,周敏家的悲惨遭遇曾打动了电视台的叔叔阿姨们,现在我们现场采访一下。

班长:请问,面对母亲匆匆离去,父亲又不幸患上尿毒症,你是靠什么力量从挫折中挺过来的?

周敏:是一种自强、自立的精神使我从挫折中爬起来。失去了母亲,并不代表我失去了一切,我仍旧是我,一个活泼开朗的我。风雨过后阳光总是灿烂,有了老师的关爱,同学们的帮助,许许多多叔叔阿姨们的爱护,我一定会坚持勇敢面对我的人生,走向光明。

班长:你想对我们全班同学说些什么?

周敏:经过了这次挫折,我更加珍惜周围的一切。同学的爱、老师的关心、父亲的伟大,会永远激励我前进。同学们,挫折是难免的,跌倒了要爬起来,有困难不要怕,只怕不去面对困难。(班长代表全班师生向小周敏赠送鲜花和《钢铁是怎样炼成的》、《名人传》等书籍)

5. 升华体验袒露心声。

主持人甲:看了、听了这么多的名人故事,凡人小事,我还真想起了这样一句话:困难像弹簧,你弱它就强,你强它就弱。我想把这句话送与大家共勉。

主持人乙:你也会从这些强者身上学到很多精神吗?你可以用名言表达你的心声,也可以用自己的凡人小语表达你的心声,你可以用你喜欢的方式来表达你的心声。

生1:我想用名言表达我的心声(名人名言略)。

生2:我想用自己的语言表达我的心声(略)。

生3:我用歌声来表达我的心声(现场演唱《真心英雄》)。

生4:我用冰心奶奶的一首小诗来表达我此时的感受——“成功的花——人们只惊羡他现时的明艳!然而当初他的芽儿,浸透了奋斗的泪泉,洒遍了牺牲的血雨。”

班主任:我用毛泽东的一首《七律·长征》和大家共勉(师生齐诵《七律·长征》)。

生5:我用琴声来表达我的心声(两位同学电子琴伴奏《翅膀》)。

主持人甲:短短的40分钟,我们共同演绎了一段面对挫折,昂首挺胸,坦然面对困难的心路历程。

班主任:激情朗诵《欣赏自己》(配上贝多芬的钢琴曲《命运》的旋律)。

欣赏自己

也许你想成为太阳,可你却只是一颗星辰;

也许你想成为大树,可你却只是一株小草;

也许你想成为大河,可你却只是一泓山溪;

于是,你很自卑。

很自卑的你总以为命运在捉弄自己。

其实,你不必这样:

欣赏别人的时候,一切都好;

审视自己的时候,却总是很糟。

和别人一样,你也是一片风景,也有阳光,也有空气,也有寒来暑往,

甚至有别人未曾见过的一棵春草,甚至有别人未曾听过的一阵虫鸣,

做不了太阳,就做星辰,在自己的星座发热发光;

做不了大树,就做小草,以自己的绿色装点希望;

做不了伟人,就做实在的自我,平凡并不可卑,关键的是必须做最好的自己。

不必总是欣赏别人,也欣赏一下自己吧,

你会发现,天空一样高远,大地一样广大,自己有比别人更美好

的地方。

走向超越，只有靠你自己。

（班会在《真心英雄》的音乐声中结束）

本章小结

本章主要从爱国、公德、私德这三个方面介绍了道德类主题班会活动的设计方案。首先，爱国类主题班会设计方案，包括："我骄傲，我是中国人"主题班会设计方案、迎"十一"国庆节主题班会设计方案和践行"八荣八耻"主题班会设计方案。其次，社会公德类主题班会设计方案，包括："公民意识"主题班会设计方案、"大爱无边"主题班会设计方案和寻找有责任感的"我"主题班会设计方案。再次，个人德性类主题班会设计方案，包括："感恩——亲情"主题班会设计方案、"诚信"主题班会设计方案和"挫折教育"主题班会设计方案。

思考题

[1] 试评价"我骄傲，我是中国人"主题班会设计方案的优缺点。

[2] 尝试设计一次以"诚信"为主题的班会活动。

参考文献

[1] 纪微. 做全能班主任：班主任实用案例汇编[M]. 长春：东北师范大学出版社，2010.

[2] 周娴华，周达章. 走进学生的心灵：班主任工作案例新编[M]. 南京：江苏教育出版社，2006.

[3] 郭景瑞. 新爱的教育[M]. 上海：华东师范大学出版社，2008.

进一步阅读文献

[1] 芮秀军. 班主任班队活动管理艺术[M]. 长春：东北师范大学出版社，2010.

[2] 田恒平. 主任理论与实务[M]. 北京：首都师范大学出版社，2010.

第五章　学习类主题班会设计方案

学习是中小学生日常生活的最重要的事务，也是中小学生最常面临的困扰之一。如何激发学生的学习动机、培养学生的学习习惯是摆在每个班主任面前的问题。在教育实践中，很多班主任会发挥主题班会的教育作用，利用主题班会对学生进行学习教育。本章内容主要包括学习动机类主题班会设计方案和学习习惯类主题班会设计方案。

第一节　学习动机类主题班会设计方案

学习动机即"学习的动力"，是推动和促进学生学习的力量。它要回答的是"为什么要读书"这一本源性问题。对这一问题的不同回答可能直接导致学生在学习积极性、学业成绩、学习自觉性等方面表现出差异。因此，教育学生学习的首要问题是让学生树立正确的学习观。班主任可以通过主题班会活动让学生了解学习的意义、学习知识的内在乐趣和读书的价值等。本节从"我为什么要读书"主题班会设计开始，介绍了培养学生求知意识和读书兴趣的主题班会设计方案，以供参考。

一、"我为什么要读书"主题班会设计方案[①]

（一）班会目的

1. 启发学生思考学习的意义。
2. 提高学生的学习动机。

① 钟杰."我为什么要读书"主题班会[J].课福建论坛（社科教育版），2011（3）.

(二)班会准备

课前调查学生的读书观、准备名人的读书观材料。

(三)班会过程

1. 现场采访:

第一轮,由同学小黄采访60后老师的读书观。他的采访提纲是:

您好,请问老师贵姓?

请问您读高中时,对于为什么要读书是怎么想的?

后来有无变化?变化之后是怎样的?

您现在是否已经有了固定的读书观?

好,谢谢,我的采访完毕!

小黄采访的是高一年级语文学养最深厚的程老师。程老师非常诚恳地说道:"我最初是因为家里姊妹很多,很穷,所以读书是为了改变我的环境。也正是因为读书,我从农村来到了城市,做了我想做的事。现在我当然有我自己比较固定的读书观了,我现在读书,除了搞好工作,更多的是丰富自己的精神世界,超越自己,实现自己的人生价值。"

程老师的现场回答很精彩,赢得了听课师生的掌声。意想不到的是,当我请小黄小结一下程老师的读书观,他竟然一个字也说不出。事后他告诉我,他从来都没有在大庭广众之下采访过老师,当时吓得脑子一片空白。

第二轮,出示70后的读书观:

——读书如同吃饭睡觉,是生活必须。

——为一张文凭。

——改变自己的生存环境。

当我把70后的读书观(网络调查)打出来之后,同学小赵竟然向班主任"发难",蹬蹬跑上讲台,要采访班主任。

他的采访提纲是:

老师,请问您是70后吗?

那么你认同上述70后的读书观吗?

我也想听听您的读书观，是不是从小就形成了？

到现在是否有变化？

好，谢谢，我的采访完毕！

班主任的回答：“从小，我就没想过我要当老师。因为我是一个没有理想，也不懂得理想为何物的乡村野丫头，所以，除了疯玩之外，我的生命里没有任何动人心魄的色彩。”

“8岁，我才有机会走进学校。但是，知识没有让我的眼睛变得清澈，更没有为我的心灵插上翅膀。我仍然是一个疯野的丫头，哪里好玩便到哪里玩，哪里热闹便往哪里钻。读书，只是因为长大了，顺理成章的事，就如同饿了要吃饭，困了要睡觉一样。我每天关心的是，可以怎么玩，可以和谁玩，可以玩什么。”

“小学四年级，我开始努力，不是因为我懂事了，是因为换了一个老师，很年轻、很高大、很整洁、很帅气，很有书香气的一个老师。在他面前，我那颗狂野的心开始收敛，慢慢地，我由差等生变成了优等生。”

“之后，一直很努力地学习。努力学习的目的有三。其一，取悦我的父母和邻人；其二，取悦我的老师；其三，当同龄伙伴的老大。”

“后来，我读了王小波的书，其中有两句话深深地震撼了我。一句是：‘人活着，就是使劲把自己往聪明上弄！’另一句话是：‘做思想的精英远远比做道德的精英重要！’就是这两句话深深地打动了我，我的读书观彻底改变了，我再也不为取悦别人读书了，我读书完全是为了让自己更充实，也更富有智慧！所以，直到现在，我最热衷的购物喜好就是买书；在家里，我最爱做的就是捧一本书享受文字的清香和穿越在文字中的那份安闲惬意。”

第三轮，出示80后的读书观(网络调查)：

——为了我自己的未来，为了让我和我的家人都幸福。

——为了我们能更好地了解这个世界。

——为读书而读书。

——为了让80前看得起而读书。

这一轮的采访是由同学小卓完成的，他的采访提纲是：

老师您好，请问您认同上述观点吗？

如果不认同,那么您的读书观又是怎样的呢?

好,谢谢,我的采访完毕!

小卓采访的是现场听课的刘老师。刘老师说她当初读书的目的很简单,就是想当老师,读书是因为有梦想,现在梦想终于通过读书而成真了!末了,刘老师还特意强调,她不赞同上述"为了让80前看得起而读书",她说那只是代表极个别80后的观点,不代表80后主流思想。

2. 现场辩论采珠。

首先,展示网络调查90后的读书观:

——为了分数而读书,分数高才能上好的学校,上好的学校才能找到好的工作;找到好的工作才能赚大钱。

——确切地说,是为了钱。

——读书就能读出钱来。

——你必须得活着,活着需要吃饭,吃饭就需要钱,钱就需要劳动,劳动需要岗位,岗位需要文凭,文凭需要考试,考试需要背书,背书需要读书!

当我把90后的读书观打出来之后,所有的孩子都哄笑了起来。无独有偶,这四条读书观都与"钱"有关。之后,他们纷纷议论,最后一致认为,这四条读书观,都符合他们90后的认知。在他们的脑子里,读书就是为了钱,因为有钱了,就可以做很多事。特别值得一提的是小李同学,他说,有了钱,他可以做很多自己想做的事,比如像李嘉诚、比尔盖茨那样去做慈善。我笑问他都做哪些慈善,他说,向落后的山区捐资助学。

班级每个孩子无疑都是90后,那么他们的读书观又是怎样的呢?事先我做了调查并整理,如下:

——为父母读书。——13人次

——为考大学,谋出路。——35人次

——为履行受教育权而读书。——1人

——读书是为了我自己。因为读书,认识了很多朋友,因为读书,才了解了生活,只有读书,以后的我才能走得更远。所以,我要读书。——3人

班主任说:"由此观之,班里没有一个同学为钱而读书。不过,这也是我百思不得其解的。我发现很多同学不是为了"钱途"而读书,而是成了

"钱多多"不读书！这究竟是真有其事，还是我主观臆断？如果是真有其事，请帮我找点材料证明一下；如果是我主观臆断，请同学们找出材料反驳我。"

学生顿时形成两派，一派赞同我的观点，其中小赵现身说法，证明自己确实是因为家里条件太优越，所以没有任何动力，只是混天过日。反对我的同学更多，其中同学小陈站起来用她姐姐的事例驳斥了"'钱多多'不读书"的观点。

经讨论之后，得出结论：读书不读书，跟钱的多少没有绝对的关系，而是跟自己的观念有关系。

3. 展示我的可持续发展读书观。

(1)为了实现自我价值，所以读书是为自己而读！

(2)读书是为了把自己从愚蠢变成聪明！

(3)读书是为了把受人奴役变成摆脱奴役！

(4)读书是为了把自己的灵魂搬到高处居住！

(5)读书是为了给自己点一盏可以照亮整个心灵的心灯！

总之，读书是为了让自己活得更有意义，更有价值，更有尊严！

4.班会活动小结最后，我们根据这个标准绕回去，再看看学生的读书观，然后找出最具有可持续发展的读书观。活动后班级成员经过一周时间的思考，形成自己的可持续发展读书观，打印成小条，贴在自己的课桌左上方。

二、"培养学生求知的意识"主题班会设计方案[①]

(一)班会目的

促进学生形成"爱科学，讲科学，学科学，用科学"的良好风尚，培养学生的动手能力(搜集资料、做实验)、思维能力、表达能力和创造能力，使学生养成追求知识、勤奋好学的良好品质和严谨、求实的科学态度，从而提高学生的综合素质。

---

① 纪微. 在集体中健全人格[M]. 长春：东北师范大学出版社，2010：104-109.

（二）班会准备

1. 动员。

带领学生参加学校科学节开幕式后，让他们谈一谈自己的感受，在此基础上宣布准备召开一次《我们是未来的科学家》主题班会，激发学生的参与热情。

2. 提前两周布置，让学生做如下准备：

（1）搜集科学家少年时期的小故事（可以从书中，也可以从网上查找）。

（2）搜集科学家画像挂图。

（3）搜集并摘抄古今中外科学家名言。

（4）根据自己的能力，结合生活实际准备一些科学小实验，要求能讲明实验的科学原理。

（5）让个别同学准备配乐磁带或光盘（以轻音乐为主）。

（6）班委提前设计好班会板报，并布置墙报（以“异想天开”为主的科学画展）。

（7）宣传委员负责写好请柬（班主任事先安排好请哪些领导、老师参加）。

（三）班会过程

主持人甲、乙：《我们是未来的科学家》主题班会现在开始！

主持人甲：首先让我们以热烈的掌声欢迎老师参加我们的班会！

主持人乙：我校第十五届科学节已经拉开了序幕，我们二(2)班全体同学积极投入到了各项活动中。大家知道，古今中外，有许多科学家为人类的进步做出了巨大的贡献。下面请王亮、张刚、李强、何欣同学给大家介绍几位著名的科学家，大家欢迎！

王亮介绍毕昇：毕昇是北宋时代的发明家，活字印刷术的发明者。活字版印刷术是我国著名的“四大发明”之一，比欧洲应用活字印刷技术早了四百年，它对人类社会文化的发展起了巨大作用，在世界科学技术史上占有十分重要的地位。

张刚介绍李时珍:李时珍是明代杰出的医学家,经过二十七年的艰苦努力,著成《本草纲目》,收录原有诸家《本草》所载药物共1 518种,新增药物374种。全书总结了16世纪以前我国劳动人民丰富的药物使用经验,对后世药物学的发展做出了重大贡献。

李强介绍瓦特:瓦特是英国发明家。他对当时已出现的原始蒸汽机做了一系列的改进和发明,提高了蒸汽机的热效率和工作可靠性,使蒸汽机在工业上得到广泛的应用,被人们誉为蒸汽机大王。

何欣介绍爱迪生:爱迪生是美国发明家、企业家。1877—1879年发明留声机;实验并改进了白炽灯和电话。后又提出并采用直流三线系统,制成当时容量最大的发电机。1883年发现热电子发射现象,被命名为“爱迪生效应”。在电影技术、矿业、铁道电气化、建筑、化工等方面也有不少著名的发明。

主持人甲:同学们,你们还知道有哪些科学家吗?(学生纷纷发言)

主持人乙:很多同学利用课余时间摘抄了一些科学家的名言警句,谁来给大家读一读?(指名,学生到前面读)

人生在勤,不索何获。——张衡

广泛的求知欲能使一个人成为系统的博物学家。——达尔文

什么是天才,终身努力,便成天才。——门捷列夫

人的天职在于努力探索真理。——哥白尼

我们应该有恒心,尤其要有自信心。——居里夫人

主持人甲:有很多科学家在小时候就非常爱动脑筋,肯于钻研,为以后的成功打下了坚实的基础。接下来请两位同学给大家讲两个小故事,大家鼓掌欢迎。

生1:故事的名字叫《数星星的孩子》。

(主要内容)很久很久以前,一天晚上,一个孩子坐在院子里数星星。奶奶说星星太多,数不清。孩子认为每颗星之间总是那么远,不是在乱动,能数得清。爷爷夸奖他说得对,看得仔细,告诉他祖先把星星分成一组一组的,给它们起了名字,并且告诉他北斗星总是绕着北极星转。孩子在这个晚上多次起来看星星,果然是爷爷说的那样。这个孩子名叫张衡,是汉朝人。他长大后刻苦钻研天文,成了著名的天文学家。

生2:故事的名字叫《壶盖为什么会动》。

(主要内容)200多年前,英国有一位著名的科学家叫瓦特。他小时候特别爱动脑筋提问题。有一天,他看见炉子上的一壶水开了,壶盖不住地往上跳动。他很好奇,就问奶奶,奶奶也说不清。以后,瓦特就常常坐在炉子旁边仔细地看,他发现壶盖动是蒸汽推动的,并联想到用很大的锅烧水,就可以推动更重的东西。长大后,他经过多次试验,又学习了别人的经验,终于发明了蒸汽机。

主持人乙:我们班同学也要向科学家学习,很多同学利用课余时间做了一些科学小实验,下面就请他们给大家演示一下,大家欢迎。

第一小组:不倒的棋子塔。

实验材料:8、9粒象棋棋子,一把直尺。

实验过程:在一张光滑的桌子上,把棋子一粒粒叠放好,摞成一个“棋子塔”。用直尺沿水平方向,对准最下面的棋子很快一击,棋子被打出去了,而“棋子塔”竟然没有倒,只是下降了一个棋子的高度。

原理解释:为什么“棋子塔”不倒,仍然竖立着呢?这是惯性的原因——一切物体都不愿意离开它原来的位置。

第二小组:硬币哪儿去了。

实验材料:一个深一些的碗,一个厚一点的玻璃杯,一枚硬币,水。

实验过程:碗中装上水,在碗中央放上一枚硬币,在硬币上再加上玻璃杯。注意,玻璃杯要直着放下去,不要让空气跑出。现在,你透过玻璃杯的侧面观察,硬币怎么不见了?换个角度,从玻璃杯的上方往下看,硬币好好地在碗中。这是怎么回事?

原理解释:这是因为从硬币上射出的光线,在水和玻璃的交界处全部被反射了,所以你看不见硬币。

第三小组:吹不动的小纸桥。

实验材料:一张十五厘米长、五厘米宽的卡片纸。

实验过程:把小卡片纸两头折弯,做成一座小桥,放在桌上,然后使劲从桥洞下吹气。原以为吹动这么个小纸桥不费吹灰之力,可是你却发现:不管你用多大的力气,不管桌面有多光滑,小纸桥却像生了根似的,在桌上贴得牢牢的。别急,再换个方向吹一下小桥。站在桥墩那边吹,没用多大力气，小桥就被吹跑了。

原理解释：这个现象源自于一条自然规律，速度越大，压力越小。当我们往桥下吹气时，桥下的空气压力比桥上要低。这样，桥上的空气就往桥下压，小桥就被“压”在桌子上动不了了。

第四小组：神奇的火焰。

实验材料：蜡烛一根，杯子一个，火柴一盒。

实验过程：

(1)将蜡烛点燃。

(2)用杯子扣在燃烧的蜡烛上。

(3)观察蜡烛的燃烧情况。

(4)盖上杯子后，蜡烛渐渐熄灭了。

原理解释：蜡烛燃烧时需要氧气，当燃烧着的蜡烛将杯子中的氧气用完了，火就灭了。

第五小组：杯子吸杯。

实验材料：两个杯子，水。

实验过程：

(1)在一个杯子里装些水，把另一个杯子放入其中。

(2)突然把两只杯子一起倒过来。

(3)你会惊奇地看到，下面的玻璃杯被吸住不掉。用手扭它一下，杯子还会倒悬着旋转呢！

原理解释：这个实验惊而不险，因为在两个杯子之间没有空气，大气压这个无形的手“托”住了杯子。

第六小组：会游动的纸鱼。

实验材料：一盆水，一张卡片纸，一把剪刀，蜡笔，油。

实验过程：

(1)在卡片纸上用蜡笔画一条鱼，然后剪下来。

(2)在鱼的中间，剪出一个圆洞和一条与鱼尾巴相通的“水道”。

(3)把鱼小心地放在水面上，注意别让鱼的上面沾上水。

(4)把一滴油滴到圆洞里，你会看到鱼开始向前游动了。

原理解释：油比水轻，所以能浮在水面上。滴在圆洞中的油，只能沿着“水道”向外，也就是向后流动，油的反作用力就推动鱼向前游了。

第七小组：摩擦起电。

实验材料：碎纸片，气球。

实验过程：

(1)吹鼓气球。

(2)将气球在头发上快速摩擦。

(3)把气球接近碎纸片。

(4)当气球接近碎纸片时，碎纸片就会被吸到气球表面。

原理解释：用摩擦的方法使气球带负电。由于纸片上带有与气球上性质不同的电荷，异种电荷相互吸引。因此，当气球接近纸片时纸片迅速被吸到气球上。物理学把用摩擦的方法使物体带电叫做摩擦起电。

第八小组：哪根蜡烛先掉“泪”。

实验材料：两根蜡烛，一根蜡芯留得较长，一根蜡芯剪得很短。

实验过程：同时点燃它们，结果哪支蜡烛先掉“泪”呢？一定是蜡芯短的蜡烛先掉“泪”。

原理解释：蜡烛掉“泪”——淌蜡液，是因为蜡融化的速度大于蜡燃烧消耗的速度，所以才会流泪。蜡芯短，火焰小，消耗蜡的速度慢了，而蜡融化的速度几乎没变，所以就更容易淌蜡液。

主持人甲：看了他们做的精彩实验，同学们有什么感想？

生1：从他们的实验中，我又学到了一些科学知识，懂得了一些科学道理。

生2：我觉得他们很爱动脑筋，我们进入了21世纪，科学发展不会仅停留在这上面。我还要努力学习，争取将来能发明更多的高科技产品。

生3：今后，我也要多动脑筋，做一些科学小实验。

生4：我希望今后班里能多搞一些这样的活动，让同学们开阔视野，学到课本上学不到的知识。

主持人乙：同学们，我们是未来的科学家，从小就要培养探索科学奥秘的精神。用我们所学的知识，把我们的祖国建设得更加强大。下面请班主任秦老师讲话。

班主任：今天我们的班会开得很成功，我要表扬每一位同学。在这次科学节的各项活动中，同学们积极参加，自己动手搜集资料，做科学小实验、小制作、绘画、摄影，观看科学电影，了解科学家的贡献及事迹，摘录科学家名言，访问科学家等等。总之，收获很大。现在我们不仅要学好各门课程，还要敢于想象，大胆创新，勇于探索，相信未来的科学家中会有我们在座的同学！

主持人甲、乙：《我们是未来的科学家》主题班会到此结束！

三、"培养读书的兴趣"主题班会设计方案①

（一）班会目的

1. 明确什么是好书，使学生懂得只有多读好书才有利于人的提高和发展。

2. 畅谈读书的感想，交流读书的方法，激发学生的读书热情。

3. 明确读书目的，展示读书成果，提高学生读书的自觉性。

（二）班会准备

1. 国内外名人有关读书的格言二十三条，学生用彩色笔在八开纸上抄录。

2. 学生自制道具——各类图书八本。

3.学生每人准备一本自己喜欢的图书，在班会上展示。

4.《找朋友》音乐录音磁带。

5. 黑板上写好班会的主题，并做适当的布置。

6. 评选出读书的先进个人。

（三）班会过程

主持人：同学们，今天我们在这里召开"和好书交朋友"主题班会。我们要围绕这个主题畅谈自己的感想，推荐喜欢的书籍，交流读书的方法，结识更多的新"朋友"。主持人话音刚落，四名同学走上前来，朗诵《书是我们的朋友》的诗歌。

① 纪微. 在集体中健全人格[M]. 长春：东北师范大学出版社，2010：117-123.

生1:今天,校园里为什么洒满阳光?

生2:今天,礼堂里为什么格外明亮?

生3:因为我们要召开“和好书交朋友”的班会,这当然是喜事一桩!

生4:让我们共同感受读书的欢乐,让我们共同畅谈读书的感想。

生1:书能让我们变得聪明。

生2:书能让我们变得高尚。

生3:书能告诉我们怎样做人。

生4:书能给我们美好的希望。

生2:书能帮我们明辨是非。

生3:书能给我们指引方向。

生1:书是知识的宝库。

生2:书是智慧的海洋。

生3:书是我们的朋友。

生4:书能给我们力量。

生1:同学们,爱书吧!书是人类进步的阶梯,书是传播文化的课堂。

生2:同学们,爱书吧!书是我们一生的老师,书是不可缺少的精神食粮。

生3:同学们,爱书吧!书能帮我们走上成功之路,书能帮我们成为中华民族的脊梁!

生4:同学们,爱书吧!

合:书能帮我们展翅高飞,书能带我们走向辉煌!

声情并茂的朗诵揭示了读书的意义,给同学们留下了深刻的印象。

主持人:什么是好书?哪些书可以作为我们的朋友呢?

“能传授科学知识的书是好书。”

“能使我们受教育的书是好书。”

“能丰富我们想象力的书是好书。”

“能开阔我们眼界的书是好书。”

同学们争相回答。

“我们清楚了什么是好书,就请每人向大家推荐一本你喜欢的书吧!”随后全班五十二名同学每人展示一本好书,并自豪地报出书名:《中学生十万个为什么》、《钢铁是怎样炼成的》、《红岩》、《安徒生童话》、《三国演义》、《岳飞传》、《在清华等你》……

“这么多的好书，都是我们的朋友。我们为什么要和好书交朋友呢？”主持人又问。

同学们引用名人的格言回答了这个问题。

俄国作家高尔基说：“书籍是人类进步的阶梯。”法国作家雨果说：“书籍是一种冷静和可靠的朋友。”唐代诗人杜甫说：“读书破万卷，下笔如有神。”……

“书对我们有这么大的帮助，让我们赶快行动起来，找本好书做朋友吧！”音乐响起，同学们唱着：“找呀找呀找朋友，找到一个好朋友……”

图书的扮演者们身着自制的道具——各类图书，表演自编的童话剧《找朋友》。在歌声中小读者们精心地挑选自己喜欢的书。

“这是《上下五千年》吗？我们俩交个朋友吧！”

“好啊。”

“《爱的教育》，我们俩交个朋友，好吗？”

“不行，我不愿和你做朋友，因为你不爱读书，和你做朋友我会感到孤独、寂寞。”

“对不起，那是我的过去，现在绝对不会啦！”

“好，那我们就交个朋友吧！”

“我是《大宇惊魂系列》，读过我的人都感到既刺激又过瘾，我俩交个朋友吧！”

“NO!NO!看你那张牙舞爪的样子，让人一见就害怕，我怎能和你做朋友？”

经过精心挑选，同学们都找到了理想的朋友，童话剧在欢快的乐曲声中结束。

“许多同学都找到了自己的朋友，请他们给我们介绍一下，让我们都成为好朋友。”主持人说完，八位同学上前朗读自己从书中选择的精彩片段（略）。

主持人：自开展读书活动以来，我班涌现了许多书的好朋友，学生1（以下称生1）就是其中的一个，请他给我们谈谈读书的体会。

生1:我读书多,问题也多,遇到了问题就查有关资料,查到了,弄明白了,就写下来,到目前为止已写出了两本《小论文集》,五十三期《方舟》小报,请大家观看。

“真是了不起!”同学们向他投去了钦佩的目光。

主持人:学生2(以下称生2)喜欢诵读古诗文,请他背诵《论语八章》(略)。

像他们这样爱读书,并取得一定成绩的同学还有很多,我们评选出了十六名书的好朋友,请他们上台领奖。

这么多书的好朋友,他们是怎样合理安排读书时间的?有什么好的读书方法?读书的最大收获是什么?请接受小记者的采访。(小记者现场采访,同学们从不同的角度回答小记者提出的问题。)

书给我们知识,给我们力量,让我们行动起来,去爱书、读书吧!请听诗朗诵《和好书交朋友》

生1:好书是知识的源泉,
生2:涓涓地灌溉着我们的心田。
生3:好书是我们的老师,
生4:把智慧输入我们的血管口
生1、2:读一本好书,
使我们懂得,
天有多阔,
地有多宽。
生3、4:读一本好书,
使我们明白,
山有多高,
路有多远。
生1、3:读一本好书,
能使我们,
拨开眼前的云烟,
排除疑难。

生2、4:读一本好书，
能使我们，
看到前程灿烂，
任重道远。
合:同学们，
读好书吧，
和好书交朋友，
我们的成长，
才会更加健康。
生1:《牛虻》，
是我们的好朋友，
它教会我们，
不屈不挠，
抑恶扬善，
做一个对社会有用的人，
让生活更加充实。
生2:《卓亚与舒拉的故事》，
也是我们的好朋友，
它教会我们，
从小立下斗志，
为真理而学习，
为真理做出贡献。
生3:《十万个为什么》，
是我们的好朋友，
它懂得最多最多，
把知识播进我们的心田，
使我们揭开了
大千世界的幕幔，
使我们学会了，
在智慧的奥秘中去探险。

生4：当然，语文、数学课本，
也是我们的好朋友，
它们是知识的海洋，
漂起我们这些幼稚的小船。
我们要学习，
学习，
再学习.
在知识的大海里，
破浪向前，
合：我们有很多好书，
我们有很多好朋友.
和好书交朋友吧！
用知识武装我们的头脑，
用智慧丰富我们的心田。
让好书伴我们一起成长，
去建设祖国，
创造美好的明天。

主持人：我们班的读书活动得到了家长们的大力支持。今天来参加这个班会的还有家长代表，下面请家长陈阿姨给我们讲几句话……

班主任在总结时强调：这个班会开得很好，很有意义。这既是对前一段读书活动的总结，也是对下一步读书活动的推动。今后我们不但要继续深入开展课外阅读，还要开展通读中华古诗文活动。如果说老一辈革命家为中华之崛起而读书，我们新一辈就要为中华民族的强盛而读书。

第二节　学习习惯类主题班会设计方案

学习习惯是学生在长期的学习过程中所形成的一种学习行为方式，如时间管理、读书习惯、作业习惯等等。良好的学习习惯有助于提高学生的学习效率，从而获得较好的学业成绩和获得学业成就感，同时也有利于激发学生的学习动机、促进学生养成终身学习的习惯。班主任要充分利用主题班会的教育契机塑造学生良好的学习行为习惯。本节将从时间管理、学习习惯建立和学习方式培养这三个方面来介绍学习习惯类主题班会设计方案。

一、“珍惜每一分钟”主题班会设计方案①

(一)班会目的

本节课堂实录通过生动的课件,大量的材料,以摆事实、讲道理、议一议、算一算、赛一赛的形式,让学生感悟时间就是生命,时间就是胜利的真谛,告诉学生珍惜时间就是对自己的生命负责。

(二)班会过程

师:请同学们认真听这是什么声音?(播放“嘀嗒”声)

生:这是钟表走过的嘀嗒声。

师:在一分钟里,能做多少事呢?同学们想不想亲自试试?

生:想!

师:那就考虑一下,你想在课堂上做件什么事,做得又快又好?

生:(纷纷回答)读书、写字、做口算题、画画、写英语单词……

师:你们的活动真是丰富,那我们就比一比谁在一分钟里做得又多又好!可以自己做,也可以自由结组。准备好用具,开始。

生:(活动)

师:停!谁先来汇报?

生1:我在一分钟里写了22个字。

生2:我在一分钟里写了28个字。

生3:我画了四只小熊。

师:大家平时没注意过吧,我们在一分钟里能做这么多事。其他方面呢?你还知道一分钟能做多少事?

生1:我在一分钟里能跳绳110个。

生2:我知道中央电视台的播音员一分钟播80个字。

---

① 屠力.“珍惜每一分钟”主题班会实录[J].中国德育,2010(2).

生3:彩电生产线一分钟生产一台电视机。

师:老师也搜集了一些材料,大家一起看看。(出示课件:一分钟可以快速阅读一篇五六百字的美文。如果是浏览报纸,完全可以浏览一张四十多版的日报。打字员平均一分钟可以打150个字。一分钟可以欣赏5~10个精彩的广告短片。一分钟跑400米没问题,也可做二十多个仰卧起坐。)看到这些,再联系自己刚才的实践活动,你有什么想法?

生1:一分钟的作用可真大!

生2:时间很宝贵,我们应该珍惜时间。

师:对。我们应该——珍惜时间。(板书)因为时间是宝贵的。谁能说说时间的宝贵体现在哪些方面?

生1:对每个人来说,时间是有限的,过一天少一天。时间不是用不完的,而是一去不复返的,因此,时间是宝贵的。

生2:时间就是生命。(师板书)生命对每个人只有一次,它是宝贵的,节约了时间,就等于延长了生命,浪费了时间就等于缩短了生命。

师:老师这儿有一个片断,我们一起看看。(播放课件)看懂了吗?发生了一件什么事?你想到了什么?

生1:一个病人因为得到及时的抢救和治疗,所以获得了新生。从这儿我深切地感受到时间就是生命。

生2:溺水者一分钟后就可能失去生命。

师:对。所有这些事例都说明时间就是生命。对时间还有其他的看法吗?

生1:时间就是胜利。在一些竞技比赛中,谁用的时间少,谁就能取得胜利。

生2:我们学过课文《飞夺泸定桥》,我军和敌人在河两岸展开竞赛,因为我军提前到达,所以赢得了战斗的胜利。

师:说得真好。时间是生命,是胜利,还是什么?

生1:是财富。(师板书)我妈妈的工厂由于提高了效率,所以赢得了更多的财富。

生2:有一次,我爸爸因为没有准时赴约,生意伙伴走了,生意没谈成,失去了一笔财富。

师:同学们对于时间都发表了自己的见解,可以说人世间的一切都是伴随着时间的脚步诞生、发展、变化的。时间就是一切。(板书)时间这么宝贵,我们应该怎样珍惜时间呢?在这方面,伟大的文学家鲁迅先生为我们树立了榜样,我们来看看他是怎么做的。

生1:(读有关课文)

师:谁先谈谈自己的体会?

生1:鲁迅先生之所以能取得成功,是因为他把时间都用在读书写作上了。

生2:鲁迅先生说:"时间,就像海绵里的水,只要愿意挤,总还是有的"。他告诉我们把握时间的主要方法是"挤",只有抓住零星时间,才不会使时间白白流失。

师:通过听同学们的发言,我感受到你们已经把鲁迅当做自己学习的榜样了。不过在我们身边,也有许多同学在珍惜时间方面做得非常好,谁来夸夸他们?

生1:有一次,我看见林红同学在回家的路上,边走边背课文,我觉得他珍惜时间的做法值得我学习。

生2:汪阳同学对时间抓得可紧了,那天我去找他玩儿,他说必须先完成了作业才能出去,并且劝我和他一起写作业。

师:他们做得多好啊。有这样一段话:"聪明的人,今天做明天的事;懒惰的人,今天做昨天的事;糊涂的人,把昨天的事也推给明天。"同学们喜欢做什么样的人?

生:做聪明的人。

师:我们不少同学平时不注意珍惜课堂上的每分每秒,做些与学习无关的事情,从今天开始知道该怎么办了吧?我建议你们将自己最喜欢的有关时间的格言制成书签,作为自己的座右铭,让它时刻提醒自己做一个珍惜时间的人。

二、"养成良好的学习习惯"主题班会设计方案①

(一)班会目的

1. 让学生发现并改正不良习惯,提高自我控制能力。

2. 让学生充分意识到好的学习习惯对学习的重要作用,提高学生建立良好的学习习惯的自觉性。

(二)班会准备

1. 收集一些关于习惯的图片、资料、视频、案例等。

2. 制作班会课件。

(三)班会过程

1. 导入。

师:一根小小的柱子,一截细细的链子,拴得住一头千斤重的大象,你相信吗?

生1:怎么可能? 不信!

师:不信,给大家讲个故事。

(出示课件)

在印度和泰国,驯象人在大象还是小象的时候,就用一条铁链将它绑在水泥柱或钢柱上,无论小象怎么挣扎都无法挣脱。小象渐渐地习惯了不挣扎,直到长成了大象,可以轻而易举地挣脱链子时,也不挣扎了。

师提问:"这件事是真实的,大家不妨思考一下,小象是被链子绑住,而大象则是被什么绑住的呢?"

生1:是心。

生2:是思想。

老师:思想?

生(大部分):习惯。

---

① 佚名."养成良好的学习习惯"主题班会案例[EB/OL]. 2012-9-30,http://wenku.baidu.com/view/c5e5501bc281e53a5802ffbe.html.

师：请大家再听一个故事。

一位没有继承人的富豪死后将自己的一大笔遗产赠送给远房的一位亲戚，这位亲戚是一个常年靠乞讨为生的乞丐。这名接受遗产的乞丐立即身价一变，成了百万富翁。新闻记者便来采访这名幸运的乞丐："你继承了遗产之后，你想做的第一件事是什么？"大家猜一猜乞丐会怎么回答？

生1：好吃的食物。

生2：衣服。

生3：房子、汽车……

生4：买很多好东西分给其他乞丐。

师：（多媒体出示答案）乞丐的答案是："我要买一只好一点的碗和一根结实的木棍，这样我以后出去讨饭时方便一些。"答案很是出人意料，但想想却又在意料之中。听了他的答案，你有什么感受？

生1：这是他当乞丐养成的习惯，已经改不过来了。

生2：这个乞丐有再多的钱，他也不会花，他的思维只围绕在乞讨这件事上。

师：这两则故事让我们震撼，习惯的力量原来如此巨大，在不知不觉当中，我们的命运就被掌握其中了，所以人们说性格决定命运，而习惯塑造性格，所以说养成良好的学习习惯对我们来说是一笔终身的财富。

2. 习惯的力量——细节决定成败。

师：据科学家证实，一件行为连续重复21次即可成为习惯（一般也以三十天为准），成为习惯即可成为自然，直至终生。习惯是一个人的资本，你有了好习惯，你一辈子都有用不完的利息，你有了坏习惯，你一辈子有偿还不了的债务。不信我们可以看看这个例子：

（课件展示案例）：

××年1月18日下午1时46分，在武汉某高校研究生考点外，一考生被几个保安人员拦下，被告知超过了规定入场时间（1时45分），眼睁睁地失去了考试资格。该考生说，为了专心备考，他辞掉了网络公司的工作，牺牲了很多东西，到头来却因为这个缘故被拒之门外。

生：就因为迟到就毁了一生啊，真是可怕！

师：是啊，迟到看起来是小事，但这是个坏习惯。

3. 心灵体操——看自己一天的时间利用率高不高。

我们现阶段正接受教育，为了美好的明天而刻苦学习，为了创造辉煌的未来，我们必须改掉许多不良习惯，刚才仔细观察了大家讨论时候的表现，我发现了很多同学的坏习惯，正是这些坏习惯影响了学习效率，不信，我们可以再做一道学习时间利用率的计算题，看自己一天时间的利用率高不高。请大家结合自己的实际填一下这个表格。看我的一天是怎么度过的？

时间类别	所需时间
上课时间	
你利用了的课余时间	
平均每节课多少分钟后才能集中精神听课	
上课时发呆时间	
自习课上闲聊、发呆时间	
自习课上找、借东西所花时间	

（学生自己填写表格）

师：学习（工作）时间＝上课时间＋自习时间＋真正利用的课余时间－发呆时间－闲聊时间－借东西时间。

一天时间的利用率＝学习（工作）时间／24小时。

用这个公式来算算，你的时间利用率高吗？（学生在纸上演算）

生1：我的才22%。

生2：我的30%。

生3：我的更少，才18%。

师：哪个同学的利用率最高？

生4：老师，我的40%，是全班最高的，可是利用率还不到50%。

师：看来大家算过后，对自己的时间利用率都不太满意。想没想过这主要是什么原因造成的？

生1：上课不知不觉就走神了。

生2：做事拖沓，时间利用不够好。

生3：时间没用在刀刃上，上课玩，下课在用功。

生4：平时玩，时间没用好，快考试了拼命挤。

师：这些原因直接导致我们浪费了宝贵的时间，自然都是一些坏的习惯。说起来都是坏习惯使我们的时间利用率低。

4. 引以为戒——说说你我的坏习惯。

师：既然是坏习惯使得我们浪费了时间，那就让我们把这些坏习惯揪出来，大胆说说你我的坏习惯。

生1：我有个坏习惯，晚上回家后从来不复习，写完作业就睡觉。

生2：我上课经常做小动作，不是玩笔就是玩小刀。

生3：我上课老是管不住自己的嘴，尤其是自习课，经常说话。

师：大家对自己的坏习惯剖析得很认真，但有些同学在剖析自己的坏习惯时，并没有意识到有些细节问题也会决定事情的成败。大家请看屏幕，这些细节，你都做到了吗？（课件展示）

你都做到了吗？

1.你学过的功课，是不是加以复习？

2.你是不是预习要学的功课？

3.你上课的时候，注意力是否集中？

4.你是否喜欢回答老师的问题？课后是否主动问过老师问题？

5.你上自习课的时候是否自觉？

6.你不懂的功课，是否向别人请教？

7.你是不是按时完成作业？每次作业是否认真思考？

8.你是否主动参加讨论？

（犹如一石激起千层浪，教室里响起了同学们热烈的讨论声。）

生1：天啊！我只做到了1条，难怪我觉得我很用功，却出不了成绩，总以为是自己笨。

生2：我做到了一半，可是最重要的复习与预习却没做，难怪我上课总觉得学过就忘啊！

生3：呵呵，我作业也做了，听课也还认真，可是“主动”上就差很远，没有认真思考作业，没有主动问过问题，全是被动完成，难怪唉……

师：坏习惯总是不知不觉跟在我们身边，大家稍一疏忽，就让它影响了我们，所以我们一定要改正这些坏习惯，培养好习惯。

5. 互相学习——说说你我的好习惯。

师：究竟好的习惯应该包括哪些方面？哪些微小的细节奠定了我们成功的基石？什么样的习惯引领我们走上成功的彼岸？且看名人为我们

做的榜样。(课件展示案例)

> 案例一:苏联教育家苏霍姆林斯基有一个习惯,那就是在清晨尽早开始一天的工作,他每天五点半起床,做早操,喝杯牛奶吃块面包,然后就开始工作,当他习惯了六点钟开始工作以后,又努力再提早十五到二十分钟,几十年如一日,从不间断。他三十几本教育方面的书和三百多篇学术论文都是在早上五点到八点写成的。好习惯成就了一位举世闻名的心理学家和教育学家。
>
> 案例二:马克·吐温坚持每天清晨默读墙上的好词、佳句,为他能写出脍炙人口的作品打下了坚实的基础。
>
> 案例三:马克思在撰写《资本论》时仍坚持每天演算数学题,以培养其逻辑思维能力。
>
> 案例四:达尔文从不放过任何一个观察大自然的机会,为他的科研工作积累了大量的第一手资料……

(学生认真阅读案例)

师:这四个案例中的人物,大家应该都很熟悉,你从中得到了什么体会?

生1:老师,我挺佩服苏霍姆林斯基的,他的时间差不多一点都没浪费,这个好习惯很值得我学习。

师:是啊,名人之所以成为名人,是因为他们养成了很多的好习惯,正是这些好习惯,使得他们取得了伟大的成绩。也因此,我们才说,好的习惯会是终身的财富。其实,同学们当中,也有很多的好习惯,你发现没有?

(生互相张望,目光大多指向学习成绩比较好的学生)

班长:我觉得自己最好的习惯是每天按时自学预习、专心上课以及善于提问的习惯,它让我上课前就对难点有所了解,并且时间久了,让我更有信心。

学习委员:我觉得自己经常复习,这样知识比较扎实。

(班上这时静了下来,没人发言)

老师鼓励:现在我们不妨向同学学习——说说我发现的别人的好习惯。

(班上又热烈起来)

生1:宋李善于整理错题,每课都有详细的整理。

生2:姜经纬做题仔细,每次考试他都很少因审题失误扣分。

生3:张蕾有课后阅读并记笔记的习惯,所以她文采好是咱们班的“才女”。

生4:段云祥听课特别认真,作业做得也认真,所以没觉得他怎么用功,可成绩总是很好。

(学生在说的同时,老师把学生所说的记录下来)

师:同学们都有一双善于发现的眼睛,说出了同学的很多学习上的好习惯,我们把这些习惯归纳出来,就是:

尊重与欣赏老师、自学预习、专心上课、认真观察、积极思考、善于提问、切磋琢磨、独立作业、仔细审题、练后反思、复习归纳、整理错题集、客观评价。

6. 告别坏习惯——挑战自我。

人生仿佛就是一场好习惯与坏习惯的拉锯战,要能够创造奇迹就要让自己的思考习惯、行动习惯、情绪习惯中属于好的比例与日俱增,坏的比例逐日减少。对不良习惯,我们怎么办?

生1:将不良习惯扼杀于萌芽状态。

生2:发扬愚公移山精神克服阻碍自己发展的陋习。

生3:努力养成和保持良好的习惯。

师:说来容易,做来难。想改正坏的学习习惯要持之以恒,大家有信心改正这些坏习惯吗?

生:有!(学生情绪高涨)。

(发"告别陋习,挑战自我"挑战计划书,学生根据自己的实际情况纠正最应改的十项坏习惯,制定挑战计划书。)

教师寄语:

管得住自己,你是习惯的主人,管不住自己,你是习惯的奴隶。作主人,还是作奴隶全在于自己的选择。记住爱比克泰德的一句名言"是否真有幸福并非取决于天性,而是取决于人的习惯",为了幸福,我们必须改掉身上的坏习惯。我们必须坚定意志去执行我们的计划。希望大家在好习惯的帮助下学有所成,寻找到自己的幸福。

三、“要学会学习”主题班会设计方案[①]

（一）班会目的

通过主题班会，使学生懂得取得好成绩不是一件轻而易举的事。每个学生在求学时代都面临着两大学习任务：既要学习许多新的知识，又要学会获得新知识的方法。前者是学习的内容，后者是学习的能力。一个人掌握的知识毕竟是有限的，而且还容易遗忘，相对于知识而言，能力则是永久的，它能给学生带来终生的益处——离开了学校，他们仍然可凭借这种能力继续获得知识。

（二）班会准备

1. 在主题班会召开之前，利用作文课以“我的学习得失谈”为题，要求学生从感受最深的一点展开，写一篇作文。

2. 请几位学习成绩好的学生做好发言准备。

3. 黑板上用粉笔书写“要学会学习”五个美术字。

（三）班会过程

主持人甲：同学们，我们全班共有50位同学，如果每个同学谈一条学习经验，那全班就有50条经验，这50条经验将成为我们集体的共同财富，是我们学习上的无价之宝！现在我宣布“要学会学习”主题班会开始，请同学们上台谈一谈自己的学习经验。

生1：我讲的是预习。要想学好一门功课，光学一遍是不行的，只凭上课听讲是远远不够的。若能把要学习的内容事先预习一遍，到听讲时就等于是第二遍了，这样，可以对老师讲述的内容加深印象。经过预习，可以知道难点所在，听讲时就更有针对性。

生2：我讲的是听课。苏联教育家赞可夫说：“教师和学生在课堂上的交流，跟人们相互之间进行说话有类似的地方。”因此，成功的听课，要在听课的同时，与老师进行思想对话，即上课时学生要在思想上做好一种

① 周俊，周大虎. 中小学主题班会设计实例集锦[M]. 杭州：杭州出版社，2000：101–104.

向老师提问的准备:老师在这节课里到底要讲一个什么主题?这是什么性质的问题?从而使自己的注意力高度集中。

生3:我讲的是笔记。听讲时记一点笔记,有助于理解和复习课堂上的教学内容。但要注意,记笔记不是目的,目的还是理解内容。那种追求笔记的完整,在形式上过多地下功夫的倾向是不足取的。怎样记笔记?这要看老师的教学风格和自己的学习习惯。具体地说,书本上有的内容可以少记,没有的内容要多记;板书整齐的可以照样记,板书零乱的要边记边理出头绪。笔记不要去照录老师的原话,而要反映出内容的关键。记与听发生矛盾怎么办?宁肯牺牲笔记,也要力求听懂。

生4:我讲的是提问。提问要具有"打破沙锅问到底"的精神,既要"肯问",更要"善问"。有位学生学了作用与反作用定律后,提问道:"螳臂挡车,螳螂对车轮的作用力,与车轮对螳螂的反作用力是相等的。为什么螳螂却挡不住车,反被车轮轧死呢?"这个提问就有质量,说明他肯动脑筋,这样才能达到问中求知的目的。

生5:我讲的是学习时间安排。学生安排学习时间的类型大约有几种类型:①救急型。按交作业的紧迫程度安排学习时间,老师的压力是他学习的动力。②偏爱型。做功课时间的先后根据个人爱好而定。③被动型。学习的顺序由家长决定,当然有些家长的安排是合理的,但有些却不太合理,这些偏向都应纠正。学习时间安排的要素是:①有些功课值得先做,就立即行动,因为马上做比拖到印象模糊后再做更有效。例如作文,灵感有了,思路来了,应立即写。②查清延误你完成功课的障碍,比如贪玩等。③把你"必须"耗用的时间详细列表排出,如回家路程、做家务等。④拟定好完成每一项作业所需的时间,做到自我约束。⑤安排一个固定的学习地点,使自己在学习时少受干扰。

生6:我谈的是"合作学习",这种学习形式既可以使学生在学习中相互鼓励,共享成功的喜悦,又可使学生学会怎样与不同性格、不同能力的人一起工作,培养起同学间的友爱精神、集体主义观念,形成良好的人际关系。但这种学习形式多数学生难以做到,希望老师们经常加以引导和组织。

生7:每天早晨,我总是五点半起床,洗漱完毕,到离家不远的街心花园去呼吸一下新鲜空气,然后找一个石凳坐下朗读英语。我总觉得在这里学习效率高。

主持人甲:第七位同学的发言给我的启发是:每个人可以利用家庭周围的社会环境,根据自己的生活习惯,在最适合于自己的地点和时间进行学习。

学生8:老师布置的作业很多,我往往会做得头昏脑涨。我总结出一个办法,就是交替作业法。比如数学作业有三、四、五大题,历史有三个问答题和几个名词解释,我就先做数学三、四大题,接着做历史问答题,再做数学第五题……这样就始终能保持清醒的头脑。

主持人乙:这一方法是有心理学的依据的,利用大脑两个半球的不同功能交替作业,能提高学习效率。

生9:数学考试得了61分,我大哭一场,整天垂头丧气。这时老师对我说:"世上哪有完全成功的人?受到挫折并不是一件坏事,主要看你受到挫折以后怎么办,是灰心丧气,还是振作精神?"我听了这番话,回家就写了张"要从挫折中奋起"的纸条贴在我书桌前的墙上,每天回家总要看上几遍。

主持人甲:他的经验是,用格言警句来勉励自己,使自己不断获得学习的动力。

主持人乙:同学们,由于时间关系,本次主题班会的同学发言到此为止。下面请班主任讲话。

班主任:同学们,今天的班会开得很好,发言的同学理论联系实践,介绍了自己的学习经验,这些经验对同学们今后的学习有一定的帮助和指导作用。科学文化日新月异,同学们务必善于借鉴、善于总结、善于创新,不断总结出更好的学习方法,以优异的成绩报效祖国。

本章小结

本章分两个部分介绍了学习类主题班会活动设计与实施。第一个部分主要介绍了学习动机类主题班会设计方案,分别包括:"我为什么要读书"主题班会设计方案、"培养学生求知的意识"主题班会设计方案和"培养读书的兴趣”主题班会设计方案。第二部分主要介绍学习习惯类主题班会活动设计,分别包括:“珍惜每一分钟”主题班会设计方案、“养成良好的学习习惯”主题班会设计方案和“要学会学习”主题班会设计方案。

思考题

[1]尝试从学习动机和学习习惯的角度分析学业优良或学业不良的学生。

[2]您能从“养成良好的学习习惯”主题班会设计方案中借鉴哪些经验?

参考文献

[1] 纪微. 班主任开展主题班会技巧[M]. 长春:东北师范大学出版社,2010.

[2]叶丽娜,马冉冉.关爱生命呵护心灵:优秀班主任案例解读[M]. 上海:学林出版社,2009.

[3]傅建明、胡志奎. 班级管理案例[M]. 广州:广东教育出版社,2009.

进一步阅读文献

[1]韩东才. 班主任叙事:讲述你的教育故事[M]. 广州:暨南大学出版社,2008.

[2]杨连山. 班主任的100个怎么办[M]. 南京:江苏教育出版社,2006.

第六章　文明行为类主题班会设计方案

中小学阶段是一个人行为习惯养成的关键时期。一个人在社会交往和个人生活中所体现出的文明行为是衡量其社会化程度和个人修养高低的主要标准。学校教育除了传授知识以外，还有一个最重要的任务就是向学生传递社会共识的行为准则，帮助学生树立文明行为的意识，塑造学生的行为习惯。个人的行为主要体现在三个方面：公共生活、社会交往和个人行为。本章将分别展示这三种主题班会设计方案。

第一节　公共生活类主题班会设计方案

公共生活中的文明行为是指个人在参与社会生活过程中，对待公共物品、公共事务、公共秩序等方面所应当持有的言行举止。在现代社会中，人们越来越广泛、深入地进入公共场域，与其他社会成员共同参与社会生活。在这一过程中，每个参与者都需要承担维持公共生活安定、有序、和谐的责任。本节列举了三种文明行为的主题班会设计方案。

一、“环保”主题班会设计方案①

（一）班会目的

教育学生利用双休日时间，积极参加到环境保护活动中去，以激发热爱祖国的感情，增强环保意识。

① 程兆莲. 情系泉城——环保主题班会设计[J]. 班主任，2002(6).

（二）班会准备

1. 布置会场。

2. 准备录像机和录音机。

3. 制作各种小动物头饰。

（三）班会过程

主持人甲：轻快的音乐，唤起我们对家乡的眷恋。

主持人乙：甜美的歌声，激发我们对学校的热爱。

主持人合：今天，我们五（二）中队相聚在这里，一起走进山明水秀的泉城，走进人杰地灵的济南，走进情相系、心相连的成长摇篮。"情系泉城"主题班会现在开始。

主持人甲：美不美，家乡水。我们济南是闻名遐迩的七十二名泉的所在地。她似乎得到了大自然的特别钟爱，素有"小江南"、"泉城"的美名。

主持人乙："平地涌出白玉泉"的趵突泉，"四面荷花三面柳，一城山色半城湖"的明湖胜景，我国现存最古老的亭阁式单层塔——四门塔，不知吸引了多少文人骚客在此吟诗作画。

主持人甲：然而，由于几十年来人们不注意环境的保护，名泉长吟，树木悲歌——不尽如人意的地方比比皆是。下面让同学们发言。

生1：今年春节，我和爸爸去旅游，带着喜悦的心情而去，却带着沉甸甸的思索而回。大家知道这是为什么吗？请看我的画。（出示图）

生2：寒假中，我有意识地搜集了济南的有关资料，发现了许多令人痛心疾首的数字。（出示投影）

主持人甲：看到这些，听到这些，我们的心潮汹涌澎湃，心急如焚。破坏资源、污染环境的事例又何止这些！

主持人乙：我们人类的朋友——可爱的小动物们也有千言万语要诉说。让小动物们来控诉人类对它们的滥捕滥杀吧！（由学生扮演的小动物表演）

环保大使：我的使命是保护环境，拯救地球。我们把每年的六月五日定为"世界环境日"。世界环境日是全人类的共同行动日。在这一天，世界上许多国家都要举办一些专题报告会,来研究地球的环境问题。同时,世界各地的报刊、电台、电视也要举办一些专题节目,发出同一个呼声:保护我们的生存环境吧!我的誓言是:我要为保护地球环境而努力。我保证尊重地球上的一切生物,从最小的水草到最大的鲸鱼。我要向全世界表示:我保证尽到自己的职责。我想,通过大家的努力,我们居住的这个地球一定能够在宇宙间长存。

主持人甲:此时,热血在全身沸腾。

主持人乙:此时,强烈的责任感油然而生。

主持人甲:面对环境的污染,我们——未来的主人不能袖手旁观,决不能任其发展。环保小分队在行动!请看小品《一棵小树》。

(同学表演小品)

主持人乙:同学们,这样的环保小分队还有许多,它们在积极行动着。

小记者:你好,我是济南雏鹰电视台的记者,听说贵校环保小队的活动搞得红红火火,我是专程前来采访的。

主持人甲:太好了!记者同学,不瞒你说,双休日里,我们绿色小卫士都行动起来了,大家的热情可高了!

小记者:那你们谁说说?

宣传小分队:我们是宣传小分队的队员。我们在节假日走上街头,用各种形式让人们了解《环境保护法》,呼吁大家爱护身边的环境。平时,在家中,我们的工作是和爸爸妈妈一起,搞好家门口的清洁卫生,争做文明市民。

植树小分队:我们是植树小分队的队员。我们知道,树木能净化空气,减弱风力,阻挡灰尘,减少噪音,所以我们要播撒绿色的种子。

护绿小分队:我们是护绿队的队员。每一棵树都是我们的好朋友,爱护他们是我们义不容辞的责任。风雨来了,我们送去“拐杖”;冰雪来了,我们送去稻草;天气干了,我们送去“饮料”……盼望着它们茁壮成长。

景点守护神小分队:我们是景点守护神小分队的队员。我们的工作任务是使千佛山永葆青春。双休日,我们成了这里的守护神。我们不怕辛苦,到处树起了“爱护花草树木”、“保护益鸟”、“爱蛙护蛇”等标语牌。只要千佛山绿色永驻,我们再累心也甘。

小记者:你们做得很好。我想,涓涓溪流汇聚成海,粒粒细沙堆积成山。如果我们每一个人都做一名绿色小卫士,那么我们的地球不就是一个绿色的家园了吗!我要把你们的宝贵经验和实际行动告诉社会,让我们泉城的每一个公民都行动起来,以保护环境、爱护环境为己任,把我们的家园建设得更好更美。

主持人甲:环境保护直接关系到我们人类的生存和发展。我们有责任和义务让这个绿色星球世世代代永存下去。现在,许多国家和地区都采取各种措施进行环境保护,请同学们谈谈我们泉城在环保方面做了哪些工作?

生1:济南正在开发地热以取代燃煤。拆掉大小锅炉和烟囱,既节约了能源,又净化了空气。

生2:济南在清理小清河,不久我们就会看到"一衣带水浇城游,满城山色映水中"。

生3:自1995年起,我市开始对城市周围的几座荒山进行重点治理。

生4:我市禁止燃放烟花爆竹,禁止两冲程摩托车上路,推广使用绿色环保摩托车,关闭各单位的燃煤锅炉……全市人民正齐心合力治理城市烟尘污染。

主持人甲:同学们,我们自己如何争做环保小卫士呢?

生1:我要多看环保方面的书,用知识武装头脑。

生2:我要用勤劳的双手美化环境。

生3:我要从小事做起,不随地吐痰,不乱扔果皮纸屑……

主持人甲、乙:同学们谈得真好,祝愿我们的环保小卫士在今后的工作中取得更优异的成绩。

甲:绿化后的泉城处处好风光。下面我们大家共同唱一首歌《泉城美》,以表达对家乡的热爱和憧憬。

主持人合:你看——水清清,天蓝蓝,大地春光灿灿;你听——森林里,鸟声喧,大小动物笑开颜。

主持人合:小动物联欢会开始了。同学们,让我们跳起来吧!

主持人甲:鲜花露出愉快的笑脸,散发出沁人心脾的芳香。

主持人乙:雏鹰张开有力的翅膀,在蔚蓝的天空中翱翔。

主持人甲：娇艳的花儿啊，你一定会理解——今天我们为什么热泪盈眶。

主持人乙：勇敢的雏鹰啊，你一定会知道——今天我们为什么群情激昂。

主持人合：让我们齐声朗诵《做泉城妈妈的好孩子》，以此来结束我们这次班会活动。下面请班主任老师讲话。（略）

二、“遵守交通”主题班会设计方案①

（一）班会目的

1. 认识交通信号灯。
2. 了解走路规范。
3. 增强学生交通安全意识。

（二）班会过程

1. 故事激发，引入活动。

第一步：放故事录音。

“丁丁今年刚满七岁，可爸爸还是不放心让他一个人上街，说他不会走路。丁丁很不高兴，撅着嘴说：“谁说的？我不但会走路，而且会跑呢！不信，我跑给您看。”爸爸笑着摇着头：“我不是说你没学会走路，是说你还没学会在马路上走路。”丁丁奇怪地问道：“在马路上走路还用学吗？”爸爸点点头，说：“是的，不但要学，而且应该记住一些规定。”

爸爸让记住的这些规定是交通规则，我们该怎样遵守交通规则呢？这就是今天班会的主题（板书：自觉遵守交通规则）。

第二步：看说比学，掌握规范。

同学们，你们知道红灯、绿灯、黄灯各表示什么意思吗？（学生说出后引导条理语言：红灯停，绿灯行，黄灯亮了等一等）

图一：小朋友背着书包走在马路人行道上。

图二：小朋友走在人行横道上准备过十字路口。

图三：小朋友放学回家走在过街天桥上。

同学们，你们看图中的小朋友们走在了什么地方？他们是怎么走

① 郭桂红. 自觉遵守交通规则——年级班会一例[J]. 小学教学设计，2002(12).

的?(学生边看图边比较,教师引导学生认识“人行道”、“人行横道”、“过街天桥”)教唱儿歌,认识过街天桥。(过街天桥空中跨,横空马路作用大。行人靠右快速过,千万不要贪玩耍)

第三步:小朋友怎样走路才更安全? 联系身边发生的事与小朋友讨论。

①把身边发生的交通事故讲给大家听,增强安全意识。

②小组讨论后得出:走规定路线,看交通指挥灯,不看书不乱跑,不爬栏不玩耍。

第四步:礼貌候车,学拦“的士”。

①录音讲述:《徐特立爷爷排队候车的故事》。

②学生听后,说一说应该怎样候车? (像徐特立爷爷那样排队候车,不挤不抢。)

③情境表演:学拦“的士”。(引导学生懂得:站在人行道,对车挥挥手,话语要礼貌,双方都欢喜。)

2. 回顾所学,交流体会。

同学们,今天的班会活动中,你学会了什么新知识? 说给大家听一听。

3. 明辨是非,认识升华。

投影出示图,辨别图中的小朋友做得对不对,并说说为什么?

①放学路上,小明与小伙伴们边走边踢球。

②红灯亮了,小红从人行横道通过。

③几个小朋友走在马路中央去上学。

夸夸同学,发雏鹰章。

①夸夸咱们班自觉遵守交通规范的好同学。

②给这些同学发交通安全章,并评出“安全小天使”。

4. 活动总结。

通过这次班会活动,同学们认识了交通信号灯,还懂得了行路的规定。为了我们的安全,让我们从自己做起,自觉遵守交通规则,做一个优秀的交通小天使,好吗?

5. 教唱《交通安全儿歌》。

小朋友们上学校,走路要走人行道,小朋友们上学校,安全意识要记牢。

不追车,不扒车,马路上面不打闹。守纪律,讲礼貌,交通秩序维护好。

三、“应对危险”主题班会设计方案①

（一）班会目的

通过主题班会，对学生进行自救教育，教给学生一些求生常识，提高自救能力。

（二）班会准备

黑板上书写班会主题，墙上贴好“增强自救意识，提高生存质量！”“防灾于未患，减灾于险境！”等标语。

（三）班会过程

生1：1994年12月8日下午，新疆克拉玛依市友谊馆内有15所中小学的学生、教师700多人在观看汇报演出。18点20分，舞台上方的柱灯烤燃了纱幕，火势迅速蔓延，人们拼命挤向安全门。这次火灾共死亡325人，其中学生288人。

生2：火灾发生时，一个十岁的男孩一把拉起比自己小四个月的表妹钻进了厕所，结果两人毫发未损。事后有人问他为什么躲进厕所，他说曾看过电视中的消防知识竞赛，厕所中没有易燃物，火无法蔓延，所以比较安全。

生1：这件事告诉我们，面对灾害，最重要的是有防灾、减灾知识。

生2：是的。天有不测风云，人有旦夕祸福，灾害不是我们所能预料的。比如，火灾发生了，我们怎样做才能绝处逢生呢？

班主任：发现失火时要先观察火情，确定风向，在火未蔓延时朝逆风方向快速离开火灾地区，不要盲目地去救火。

生1：如果要冲过着火地带才能逃离，怎样才能使自己不被烧伤呢？

班主任：可先往身上泼水浸湿衣服，或裹上湿毯子，用湿毛巾捂住口鼻，迅速冲出去。注意不要吸气，以免被浓烟熏呛窒息。

生2：楼下着火，楼上的人怎样自救？

① 周俊，周大虎. 中小学主题班会设计实例集锦[M]. 杭州：杭州出版社，2000：130-133.

班主任:有一件事给我们提供了经验。1983年4月17日,哈尔滨道里区发生特大火灾,波及五条街道,死伤几十人。有户居民住在六楼,他们发现失火时已无法冲出来。他们马上把阳台上的可燃物搬进屋并往阳台上泼水,关紧门窗,用水浸湿被褥等蒙住门窗,不停地往床上、桌上泼水。整幢楼烈火熊熊,但始终未烧进这户人家。半夜,火势减小,他们被消防队员救下。

生1:失火时,可以乘电梯下楼吗?

班主任:不行。由于"烟囱效应",电梯成为浓烟的通道,人易被熏呛窒息,而且电梯可能会因故障突然停住,所以一定要沿楼梯走。

生2:可以跳楼逃生吗?

班主任:高层的人千万不要跳,否则非死即伤。低层的人在跳前要先向下扔些被子,起缓冲作用。跳时用手拉住窗台底部,身体垂直,自然落下,这样可少"一人一手"的离地高度,且双脚先着地比较安全。

生1:为什么身上着火了既不能奔跑也不能用手扑打呢?

班主任:奔跑和扑打会加速空气流动,火得到更多的氧气则越烧越旺。正确的做法是:脱掉或撕掉着火的衣服;来不及脱可就地打滚压灭火苗;附近有水池可跳下去借水灭火。特别提醒大家,此时不要穿化纤衣服,因为化纤衣服燃烧特别快,熔融后有毒物质与皮肉粘连,治疗很困难。

生2:俗话说"水火无情",烈火会将一切化为灰烬,洪水则将万物吞噬殆尽。1998年夏天,长江和松花江流域发生了特大洪灾。(放录像中有关解放军救江珊的场景)

生1:江珊的经历更让我们看到自救知识的重要。请老师告诉我们洪水中如何自救?

班主任:水往低处流,人往高处走。洪水发生时,不要只是顺水跑,应躲到洪水不能淹到的高处去。可以把木质家具捆绑成救生排,也可像江珊一样抱住或爬上大树临时避难。

生2:1976年7月28日,河北唐山发生7.8级大地震,死亡24.2万人,伤16万人,直接经济损失一百多亿元。

生1:地震发生时,棉纺厂一个车间有30名工人正在上夜班。忽然地屋子摇晃,一人急忙逃向屋外,被掉下的砖砸中头部当场死亡。另外29

人躲在织布机下而幸免于难。

生2:我们请专家给我们讲一讲地震发生时的自救方法。

专家:地震过程一般是先上下颠簸,后左右摇晃,再房倒屋塌。从颠簸到倒塌一般有十几秒时间,我们可利用这十几秒快速避震。如果住的是平房,且不牢固,当然要毫不犹豫地冲出屋外。如果是楼房,最好是就地避震。因为现在的楼房,在地震时完全坍塌的是少数,因此选择那些不易倒塌的地方躲避也是一种办法。可躲的地方是承重墙多、开间小的厨房、厕所;承重墙的墙角或桌下、床下等处。要尽量放低姿势,头上最好盖上棉被等软物,以免砸伤(示范:双脚并拢,双臂抱膝,头部下俯)。

班主任:无知是最大的灾害。面临各种突发性灾害时,判断失误,应急行为失当,会使自己遭受不必要的伤害。这次主题班会就是要让同学们掌握一些减灾自救的方法,增强自我保护能力。希望大家平时能学习、交流各种减灾自救的方法,在紧要关头能脱险逃生。

第二节　社会交往类主题班会设计方案

社会交往,简称“社交”,指的是在特定的社会环境中,人与人之间进行互动、联系、交换和交流,以获得物质交换和精神交流的社会活动。社会交往的形式和内容多种多样,但其本质都是人与人之间建立的一种关系。任何人际关系的稳定和和谐都需要交往双方遵守一定的社会准则和规范。这些行为准则必须通过教育传授给所有社会成员,尤其是处在成长和学习中的未成年人。良好的社会交往离不开三个要素:尊重、欣赏和共享。本节分别介绍了这三类主题班会活动的设计范例。

一、“尊重他人”主题班会设计方案①

(一)班会目的

进入初中,随着学生日益走向成熟,个体意识也逐步增强。当学生过多地关注自我时,往往有意无意地忽视他人的感受甚至忽视他人的存

① 李平凡.“尊重他人,传递温暖”主题班会课例[J].思想理论教育,2008(4).

在。本次班会旨在通过一种温馨的话题探讨方式,引导学生意识到尊重他人就是在传递温暖,尊重他人就是尊重自己。

(二)班会过程

1. 游戏导入。

师:同学们,这节课我们先来玩个游戏轻松一下,大家都来展示一下自己的创作能力。这是一个多年前发生在日本的故事,在一个除夕之夜……

故事投影:

对于面馆来说,最忙的时候,要算是大年夜了。北海亭面馆的这一天,也是从早就忙得不亦乐乎。

平时直到深夜12点还很热闹的大街,大年夜晚上一过10点,就很宁静了。北海亭面馆的顾客,此时也像是突然都失踪了似的。

就在最后一位顾客出了门,面馆要关门打烊的时候,店门被咯吱咯吱地拉开了。一个女人带着两个孩子走了进来。6岁和10岁左右的两个男孩子,一身崭新的运动服。女人却穿着不合时令的斜格子短大衣。

“欢迎光临,”老板娘迎上前去招呼着。

“……唔……阳春面……一碗……可以吗?”那女人怯生生地问。

那两个小男孩躲在妈妈的身后,也怯生生地望着老板娘。

班主任:大年三十,母子三个人就吃一碗阳春面!接下来,故事会怎么发展呢?老板娘会怎么说呢?老板会怎么做呢?大家想想看……

一石激起千层浪,学生们马上叽叽喳喳地议论开了。

(设计说明:教师采用故事的形式进入班会,意在利用学生的好奇心和表现欲来激发学生参与话题探讨的热情。因日本作家栗良平的《一碗阳春面》入选了语文教材。所以故事的选取因年级而定,此故事适用于低年级。)

2. 交流与思考。

(1)续写故事。

班主任:请几位同学说说接下来可能会发生的故事。

生1:除夕夜大家应该都很高兴,我想老板会说:“你们三个吃一碗,够不够啊？要不要加一点啊？”

班主任：嗯，老板是个好心人。那么在我们现实生活中还会有哪些可能呢？

生2：老板可能会说“过一会儿我们就关门”，将他们拒之门外。

生3：老板和老板娘会接待他们，但会用鄙视的眼光看着他们：“大过年的，也不给我个好兆头，还三个人吃一碗！”

(2)深入讨论。

班主任：刚才大家发挥了想象，我们看到这个故事会有很多种发展趋势，但如果你是那个老板或老板娘，你会怎么做？

生(大多)：送两碗！

生4(斩钉截铁地说)：肯定再送他们两碗！

班主任：如果你是那个贫穷的顾客，你希望老板怎么接待自己？

生(议论，齐声)：我只要一碗。

生4也大声地说：我只要一碗。

班主任：为什么？(对生4)你刚才不还说你要是老板肯定送他们两碗吗？

学生大笑。

生4(不好意思地说)：刚才我是从老板那个角度说的，怕他们吃不饱，因此送他们两碗，是出于对他们的关心；但如果我自己是个很穷的人，我不希望别人拿同情的眼光来看待我，所以最好还是就给我一碗吧！

生(议论纷纷)：是啊，谁愿意被别人看不起啊……

(3)展示答案。

班主任：现在让我们看看故事是怎样发展的(投影)：

案板上早就准备好的，堆成一座座小山似的面条，一堆是一人份，老板抓起一堆面，继而又加了半堆，一起放到锅里。老板娘立刻领悟到，这是丈夫特意多给这母子三人的。

“喂，孩子他爹，给他们下三碗，好吗？”老板娘在老板耳边轻声说道。

“不行，如果这样做，他们也许会尴尬的。”

热腾腾香喷喷的阳春面放到桌上，母子三人立即围着这碗面，头碰头地吃了起来。

"真好吃啊!"哥哥说。

"妈妈也吃呀。"弟弟夹了一筷面,送到妈妈的口中。

"真好吃……"

"明年还能来吃就好了……"

不一会儿,面吃完了,付了150元钱。

"承蒙款待。"母子三人一齐点头谢过,出了店门。

"谢谢,祝你们过个好年!"老板和老板娘应声回答着。

班主任:看完这个故事的结局,心里有什么样的感受?

生感叹:很温暖。

班主任:是啊,很温暖,不仅温暖了母子三人。温暖了你我这些读者,也温暖了当时处于萧条时期的一代日本人,这就是流传于日本的一个有名的温馨的故事——《一碗阳春面》。

(4)探寻意义。

班主任:从这个故事中大家得到什么启示呢?

生:要保护他人的尊严,特别是弱者的尊严。

班主任:可是为什么我们会忽视弱者的尊严呢?

生6(沉思良久):我们知道对待弱者不能鄙视、嘲讽,现在才意识到施舍和同情的态度也是不对的,仍是居高临下,对他们不够尊重。

班主任:当我们换位来思考,你希望别人对你什么态度呢?

生(齐声):尊重。

班主任:是的,我们要懂得从心底里尊重别人。我们对任何生命都应该怀有敬意!今天我为什么要举这样一个例子呢,因为对于那些社会中的精英,我们会从心底油然而生一种敬意,那是因为对他们的欣赏与钦佩而产生的敬意。可是别忘了,对于那些生活中的弱者,我们更要怀着一份尊重——不是居高临下的怜悯与同情,而是平等的尊重——给予他们生活的温暖与力量。

(设计说明:在这个环节中,首先让学生尽情想象故事的发展可能有的不同的版本,意在揭示现实生活中形形色色的社会众生相。接着让学生对人物角色进行换位思考,意在引导学生思考什么才是真正的人文关怀,什么才是尊重的最高境界。只有当学生对尊重这个话题有了自己深入思考,才对他的品格完善和行为自省起到积极的作用。)

3. 回顾与反思。

问:在我们的生活中是否发生过不尊重他人的事情或自己没受到尊重的情况?

(1)学生举例。

请几位学生举出自己在生活中遇到的一些事情。

(2)小品表演。

(考试完了,试卷评改好了,课代表发数学试卷,同桌生1与生2间发生的事情)

课代表(手拿一叠试卷):发数学试卷了啊,同学们!

生1(叹息):好紧张啊,要发试卷了!

生2(信心十足的):有什么好紧张的啊!

课代表(走到生1面前):给你。

生1扫了一眼分数,立刻把分数捂住。

生2(扯生1手中的试卷):哎,你多少分?让我看一下,看一下!

生1、生2正在拉扯,课代表走过来递试卷给生2:恭喜你,考得很好啊!

生2(展开试卷,兴奋的):啊!我九十分!我九十分!(得意地向周围的同学扬扬自己的试卷)看到了吗?我九十分!(又转向甲)你到底多少?(终于扯出了试卷,嘲笑)啊!才六十分?这么简单的题你才考六十分?你脑子进水啦?

班主任引导学生讨论:你会对那位得90分的同学提出什么忠告?

学生:我们要尊重他人的感受,尊重他人的隐私。应多给别人鼓励。

(3)班主任举例。

前两天我们班有个老师跟我说,上课时发现有同学在吃口香糖,她先看了那个同学一会儿,看得他不好意思低下头,以为他不会再嚼了,就继续上课。没想到过一会儿看到那同学,他居然还在嚼!这个时候老师就叫他起来回答问题。一张口说话他就露馅了,只好乖乖的不嚼了。

大家对这个同学有什么忠告?

学生:要尊重他人,也要珍惜他人对你的尊重。

班主任：我注意到上周我们的班长在做一周小结时也提到了一个现象，就是有的同学在别人发言的时候不认真听，有的还在低声交谈，班长最后在批评这种现象的时候说了一句很有哲理的话，大家还记得吗？

学生：尊重他人就是尊重自己。

班主任：上次我们班与6班的女子篮球队对垒，球场上曾有过一点点小摩擦，最后我们班输了，但是队员们不仅没有抱怨气馁，反而给她们球员写了一封热情洋溢的信，赞扬她们高超的球技和高尚的体育精神，结果6班同学大为感动，还请我们队员去喝奶茶！你得到什么启示？

学生：尊重他人的人必定会赢得他人的尊重。

(4)班主任小结。

现在大家应该明白，我们应该牢固树立尊重他人的意识，并真正做到尊重他人，这样人与人之间的关系才会和谐美好。

（设计说明：个人的思想和行为只有自省了才能自励，只有反思了才能了悟。班会课要有深入的交流思考，更要有深刻的自省自察。此时教师也应营造一个深沉的反思氛围，促使学生审视自己的思想和行为。对于青春期敏感而又自尊的孩子来说，这种自省和反思往往伴随着痛苦，是那种突然发现自己品质中的劣根性的不安和内疚。课堂上就有好几个学生在回忆自己曾对父母大呼小叫，曾嫌弃年迈的祖母时声音就不由得哽咽起来。）

4. 如何尊重他人。

师：当然，有时候并不是我们心里不尊重他人，而是我们不知道如何去尊重他人。懂得怎样去尊重他人，不要让他人难堪。这是一种真诚的人文关怀。其实，尊重往往表现在一些细节上，比如着装、语言……

(1)学生分三组来制定“尊重细则”：在家里，尊重父母亲人需要注意哪些；在学校，尊重老师同学与校工需要注意哪些；走出校门，与社会上的陌生朋友相处需要注意什么？讨论10分钟，写成条目，稍后交流。

(2)讨论结果。

第一组(如何尊重父母亲人)：出门和回家都要打招呼；跟父母说话也要有礼貌，不要耍性子；看电视时不要跟父母抢遥控器；不要嫌长辈唠叨，认真聆听长辈的嘱咐；自己过生日时也一定要记得留一定的时间和父母一起度过；做重要决定时也应认真考虑父母的意见……

第二组（如何尊重老师和同学）：见到老师、同学要问好；要尊重老师的劳动，上课应认真；不要给别人起侮辱性的绰号；不要去打听他人的秘密；对同学要有包容的心；遇到难事要学会换位思考……

第三组（如何尊重陌生人）：注意礼貌用语，"谢谢"，"对不起"、"没关系"应时刻挂在嘴边；遇到陌生人问路，不要不耐烦；看到路边乞丐在乞讨，你若要给他钱，请先蹲下来，再把钱放好；看到长得丑陋的或有缺陷的人，不要指指点点……

（设计说明：对主题班会而言，还要把握一个"入"和"出"的关系。"入"就是要感受道理，领悟内涵，有自己的情感体验和思考，从中受到感染和启迪；"出"要求对人对事能做出自己的分析判断，完善自己的思想和行为。思考如何尊重他人，制定"尊重细则"，就要求学生能"出乎其外"，落实到行动中。而苏霍姆林斯基说过，热爱自己身边的人，要比热爱全人类难得多。因此，我们应启发学生把尊重的态度放在自己的日常生活中，从尊重自己身边的人做起。）

5. 教师小结。

尊重他人就是尊重自己，一个集体往往就靠这种相互支撑的尊重维系成员之间的和谐与默契。尊重是一缕春风，驱除寒冬，带来花草的芬芳；尊重是一把火炬，照亮黑夜，给人前进的勇气。让我们在沐浴春风，享受光明的同时也尊重他人，传递温暖！

二、"学会欣赏"主题班会设计方案[①]

（一）班会目的

1. 启发学生了解欣赏的意义。
2. 帮助学生学会欣赏。

（二）班会准备

黑板上写上"学会欣赏"四个大字，并配以花草装饰。

① 朱华春. 心中要有一层美丽的底色——"学会欣赏"主题班会[J]. 思想理论教育，2008(16).

(三)班会过程

1. 在谈话中走进"欣赏"。

课前播放音乐:《我真的很不错》。

主持人甲、乙上,音乐停。

主持人甲:"横看成岭侧成峰,远近高低各不同。"

主持人乙:以不同的眼光去观察身边的事物就会有不同的感受。

主持人甲:以欣赏的目光看小草,小草如花朵一般美丽。

主持人乙:以欣赏的目光看小花,花儿也会甜甜地微笑。

主持人甲:今天,就让我们一起走进"欣赏"的话题,五(三)班"学会欣赏"主题班会现在开始。

主持人乙:现在让我们用热烈的掌声请出今天的主讲老师——朱老师。

2. 在体验中感受"欣赏"。

(1)老师带领同学们欣赏图片中的美。

今天,老师给你们带来了一份礼物,出示图片,边走动边拿给学生欣赏,同时问同学们,你看到了什么?然后倒过图片来再问同学们看出了什么?

(预设:看到了老妇人,看到了美丽的公主。)

引导一:从不同的角度去看,就可以得到不同的结论。

师:你愿意从哪个角度去看呢? 愿意把它看成老妇人还是看成公主呢? 为什么?

生1:我愿意把她看做一个美丽的公主,因为她漂亮。

师:哦,你是从外表的角度去欣赏,发现了公主的美。

生2,我也是更喜欢把她看成公主。

师:也是因为她漂亮吗?

生:她不仅漂亮,还很有活力。

师:哦,有活力,你是从精神面貌层面在欣赏。

师:从长相上、从精神面貌上欣赏,大家都更喜欢看美丽的公主。啊,这位老奶奶可就不高兴了。

师:一棵草,如果花不美,也许叶美,如果叶不美,也许姿态美,如果花、叶、姿态都不美,它顽强的生命力也独具一种精神美。大家就不能从老妇人身上发现美吗?

师:如果她就是你的奶奶,透过她满脸的皱纹,想想她对你无微不至的关心,对家人默默的付出。是的,美丽的东西赏心悦目,人人都喜爱。但是,孩子们,并不是所有的东西都那么美好,要是碰到了看上去并不美好的事物,你还能以欣赏的目光,发现其可爱之处吗? 比如,(老师把画面倒过来)这张图画就是一个老妇人,她脸上布满了皱纹,你能从这老妇人的身上找到美吗?

生:我愿意把他看成一位老妇。

师:好的,那你一定从老妇身上也找到了美,你也是一个很善于发现美的孩子!谈谈你从老妇人身上发现的美。

……

(2)主持人讲话。

主持人甲:感谢老师带给我们的礼物,让我们看到了这魔术一样的图画。

主持人乙:更要感谢老师让我们在这有趣的图片中发现了不同的美。

主持人甲:老师,说真的,刚才我还真没有发现老妇人的美,经过您的提示,我才从她脸上看到了慈祥,看到了故事。

师:是的,同学们。我们要具有让不美的事物在你心中美起来的能力，要具备这种能力，我们心中首先要有一层美丽的底色。因此，老师还有一样小礼物送给你们，是什么礼物呢？

送给大家一首小诗：《给心灵美丽的底色》。请主持人乙带着大家读一读。

主持人乙：窗户脏了，看到的一切都不再干净，

心灵脏了，世上的所有都不再美好；

擦亮心灵的窗户，

尽情欣赏世间的美好。

那么，给心灵带上彩色的胶卷，

你会发现残缺中也有美妙。

主持人甲：同学们，老师送给我们的小诗读懂了吗？谁来说一说，“给心灵美丽的底色”是什么意思呢？

请同学们发表感言。

老师小结并讲一个小故事以过渡到下一环节。

师：是的，孩子们！只要你心里装着美好的感悟，你看什么都会多一份情趣，多一份快乐！你还会发现别人发现不了的美丽。别人也会因为你的欣赏而增添一份快乐，甚至从你的欣赏中获得新的力量。

在非洲，有一个很有趣的部落，名叫巴贝姆巴族，他们至今保留着一种古老的生活仪式。当族里某个人犯了错误，族长便会让其站在村落中央公开亮相。每当这时，整个部落的人都会放下手中的活，从四面八方赶来，将这个犯错之人团团围住。同学们，你们知道把他围起来干什么吗？不批评，更不打骂。他们按长幼依次发言，告诉犯错之人，他今生曾经为整个部落做过哪些好事。每个族人都必须将其优点和善行，用真诚的语言叙述一遍。叙述时既不能夸大事实，也不允许出言不逊，而且不能重复别人已经说过的赞美。整个赞美的仪式，要持续到所有族人都将正面的评语说完为止。而犯错误的人总会在这种特别的仪式中受到极大的震撼！族人那些赞赏的语言让犯错误的人看到了自己的价值和优点，心里充满了感激。受到这样的教育，犯错之人一般都能改掉错误。

3. 在互动中学会“欣赏”。

（1）主持人发言。

主持人甲:世上竟有这种仪式。

主持人乙:看来欣赏的目光会给别人带来意想不到的力量。

主持人甲:既然如此,我们何不行动起来,慷慨地把发自内心的赞赏送给我们身边的同学呢?

(2)讲述活动方法:猜猜他是谁。

主持人甲:现在请同学们拿起你桌上的小纸片,对班里的一个同学写上一句欣赏的话语。话语中不要出现他的名字。

主持人乙:当我们拿着箱子走到你身边时,请你把纸条投到箱子里去。待会儿我们会随机抽取一些读给大家听,请大家猜猜他是谁。

主持人甲:请同学们以欣赏的目光看待身边的同学哦,哪怕是对并不优秀的同学们,要知道,能发现他们的闪光点,更说明在你的心灵里有一层美丽的底色!

(3)学生互写。

(4)主持人抽取纸条读内容。让同学们猜、读三四个,余下的下课后发给同学。主持人讲话。

主持人甲:真想把盒子里的有所有赞美都送给同学们,只可惜时间的脚步太匆忙。

主持人乙:下课后,我和老师一定把它们送到同学们手上。

师:主持人,请等一下,虽然时间很有限,但刚才听到大家赞美的同学们一定很高兴,请他们谈谈接受别人赞美的心情,好吗?

主持人甲:一张小小的条片,装满了信任;一句短短的赞美,饱含欣赏的目光。

主持人乙:我会因为同学们的赞赏而加倍努力。

师:孩子们,既然欣赏如此美妙,我希望你们把欣赏别人当做一种习惯。欣赏别人的人也必将得到更多人的欣赏!孩子们,应该注意的是,欣赏绝不是奉承,欣赏也绝不是不负责任的吹捧。当你的朋友真的有不足的时候,就如一张白纸上留下了一个墨点。不要盯着那个墨点不放,外面还有大片洁白的空间。即使你真的只看到了那个墨点,想想办法,帮他改变,墨点或许也可以变得美好。

不信我们可以试试。

4. 在实践中创造“欣赏”。

主持人发给同学们带有墨点的白纸，让同学们开动脑筋，在白纸上添画，使墨点变成一副画图。并根据自己所画的写上几句话。

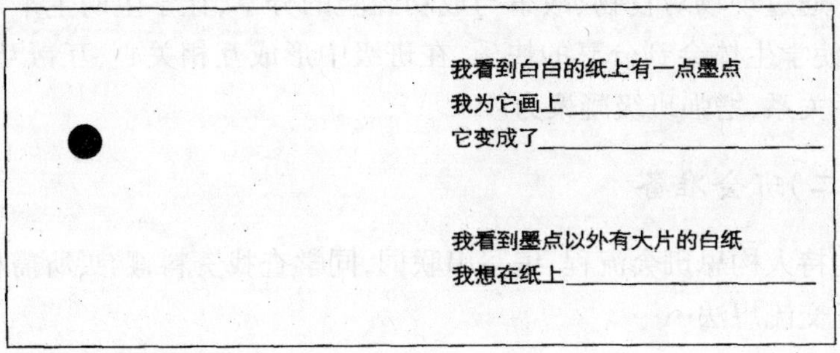

5. 结束。

主持人甲：同学们，请记住，生活中不是缺少美，而是缺少发现美的眼睛。

主持人甲、乙：让我一起再次朗诵老师送给我们的小诗：

《给心灵美丽的底色》

窗户脏了，看到的一切都不再干净，
心灵脏了，世上的所有都不再美好。
擦亮心灵的窗户，
尽情欣赏世间的美好。
那么，给心灵带上彩色的胶卷，
你会发现残缺中也有美妙。

三、“学会分享”主题班会设计方案[①]

（一）班会目的

让每一个人在生命意识中重塑分享的喜悦，让每个同学的生命之花更加灿烂。

1. 让同学们学会分享、学会合作，懂得集体智慧的力量，从而更好地

① 陈忠芳.“学会分享”主题班会——找回生命意识中的这份失缺[J]. 思想理论教育，2007(2).

适应现代生活，为高中生活留下美好的回忆。

2. 培养学生分享的美德，让每个学生都能从被动发展走向主动发展，从被动分享走向主动分享。

3. 通过现场对食物、故事与成功经验的分享，让学生萌生平等、博爱精神，使学生体会到分享的快乐，在班级中形成互相关心、互帮互助的和谐人际关系，增强班级凝聚力。

（二）班会准备

主持人构思班会流程，编写串联词，同学查找资料，购买所需材料，与班主任交流想法……

（三）班会过程

主持人对分享做简单的诠释。

主持人甲：分享是一种本能，一种幸福与满足的相会。

主持人乙：一种建立在美好事物上纯真的友谊。分享美的一切，便是对生活的信仰。

主持人甲：下面我们现场和同学们分享一些美好的感人故事，同学们可以畅所欲言。

故事一：

> 一个偶然的机会，有一位农民从外地换回了一种小麦良种，种植后产量大增。面对丰收的粮食，他喜出望外，但马上又变得忧心忡忡。因为他害怕别人知道后也种上这种良种，那么他的那份骄傲和优势就将荡然无存。于是，他开始想方设法保密，哪怕是对自己的邻居也是如此。然而好景不长，到了第三年他就发现，他的良种不“良”了，到后来甚至连原来的种子也不如了，产量锐减，病虫害增加，他因此蒙受了很大的损失。而他的邻居也对这个现象莫名其妙，想不出什么办法来帮忙。这个农民捧着自己的良种百思不得其解，赶到省城去请教农科院的专家。专家听他讲完自己的经历，告诉他：良种田周围都是普通的麦田，通过花粉的相互传播，良种发生了变异，品质

必然下降。

同学们有感而发，在我们的学习、工作中，有很多人也会犯与这个农民一样的错误，因为害怕与别人分享成果，害怕别人进步而无法让自己的成长环境变得健康而富有成果，最后自己的成果也化为乌有，终因无法进步而蒙受损失。

一个班级学习目标的达成过程，实际就是所有同学共同努力的过程。在这个过程中，只有愿意分享、敢于分享和学会分享，才能达到双赢的结果，才能够让班级整体进步。

主持人乙：分享了故事，分享了心绪，那么分享到底是什么？让我们用游戏的方式来诠释它。

主持人拿出事先准备好的四个大饼，每组一个，从前往后传，现场分享食物。

现场气氛相当热烈，大家尝着平时吃过的大饼，却有着别样的心情。

主持人甲：看着大家那么兴奋，让我们一起谈谈吃大饼过程中的想法。

同学们的发言摘录如下：

生1：要让每个人都吃到饼，我们前面的同学就要少吃点。

生2：吃得少一点，多留一点给后面的同学吃。

生3：虽然饼是冷的，但心是温暖的。

生4：吃的是饼，但分享的是真情。

生5：饼有点干，还是冷的，但和大家一起吃别有一番风味。

生6：不能亏待自己，更不能亏待朋友。

生7：不能吃完，我们组的主持人还没有吃到，还有老师……

生8：前面的同学吃得太少了，太省了，我们要传回去让他们再吃。

生9：平时没觉得这东西好吃，但与大家一起分享的时候觉得特别好吃。

……

主持人乙：一朵鲜花打扮不出美丽的春天，一个人先进总是单枪匹马，众人先进才能移山填海。我们高一(4)班全体同学要互帮互助，共同努力，共同分享成功的喜悦。

主持人甲：刚才我们进行了物质上的分享，但我们更需要精神上的东西。抑或是，这小小的分享能点亮整个世界，能明亮我们的心房，让我们的生活充满鲜艳的红，静谧的紫，灿烂的绿，动人心弦的黄，激动人心的橙。下面就让我们一起，伴随着这感人的故事，点亮我们这小小的世界。

故事二：

今年，美国孟菲斯中学的一群中学生做了一件很了不起的事。他们用自己的劳动募捐了13 000美元，为中国云南贫困山区的孩子们捐助了《中国少年报》和《中国儿童报》、精美图书和文具。

美籍华人黄丹玲的女儿国聪在美国孟菲斯中学读书，她看了《中国少年报》的小记者赴云南、湖北等贫困地区采访撰写的贫困地区孩子渴望读书的故事，很想帮助他们，于是她发起了一个帮助贫困学生的项目，动员美国人每人少喝一杯咖啡，帮助一个中国贫困孩子阅读。为了让更多中国贫困儿童受到良好的教育，他们走上街头，走进餐馆，开展募捐活动。这些在家很少劳动的富裕家庭的孩子，走进餐馆当服务员，为的是筹集到更多的资金。他们心中最强烈的愿望是，让蓝天下的孩子都能共同分享阳光，分享快乐！

国聪和她的伙伴们真是了不起，他们克服种种困难，凭着爱心和勇气，感动了自己的父母、亲友和社会上许许多多有爱心的人，点燃了爱的火种。终于超计划完成了募捐任务，在前一年五月底就募集到了13 000美元！

“六一”儿童节，国聪和另外几位美国中学生及家长、老师来到中国，带来了美国人民对中国西部教育的关心。也就在那天，国聪成了孩子们追逐的明星，她被要求签名的孩子们围得水泄不通。每位美国孩子的脸上都挂着微笑，那一双双大眼睛美丽动人。看得出，他们生活的环境都很优越，他们是一群幸福、快乐、无忧无虑的孩子。但他们说，他们被云南大山里的孩子们深深感动，因为，他们常把一双好好的名牌鞋抛弃，而云南大山里的孩子却光着小脚丫去上学；他们花起钱来眼睛眨都不眨一下，可山里的孩子好几个月都没有几元钱，每天自己煮饭吃。当他们把书报文具送给云南的孩子时，云南的孩子回馈他们亲手做的项链，亲手种的芒果。最让他们难忘的是中国山里孩子脸上的微笑，虽然生活那样贫困，但他们却是那样乐观，那样热爱生活，而自己却常常为一点点小事而烦恼。农村孩子虽然物质贫穷，但精神却是富有的，而这一切却是自己所缺少的!他们在反问自己："如果他们有我这样的机会该是怎样?"

学生感悟：

分享让他们长大，让他们明白一个道理：助人永远都是快乐的。授人玫瑰，手有余香。帮助别人，实际就是在帮助自己。你给了他物质的帮助，他给了你精神的享受；你给了他一个梦想，他给了你一个希望。

活动之后，同学们踊跃地表达着自己内心的感受：

生1：晚上回家，我要和爸爸、妈妈一起分享今天的快乐心情；在以后的生活中，和我的家人分享我的快乐、幸福。

生2：我要与王凡、玉米一同分享艺术带来的快乐。

生3：我要和我的朋友、家人分享胜利的喜悦。

生4：我要和我的朋友一起分享成功。

生5：我要和所有值得我珍惜和所有珍惜我的人分享所有值得分享的一切。

生6：在我们过着幸福生活的同时，还有着许多因为不能上学而烦恼的贫困儿童，我希望尽我的绵薄之力，与他们一起分享知识，分享阳光，分享未来。

……

班主任总结：

今天首先和同学们一起分享大饼，感觉和平时的味道有点不同，特别香，其次又一起分享你们的故事，你们的心情，你们的思想，感觉特别地欣慰。有一句话说得好，与别人分享喜悦，你将增加一份喜悦，与别人分享忧愁，你又将减少一半忧愁。

相信作为高一(4)班的一员，你是幸福的，因为有那么多的同学愿意与你分享你的喜怒哀乐。

让我们在生活中学会分享、学会分担、学会珍惜、学会感恩；在学习上、工作中能做到优势互补，取长补短，争取全班同学共同进步。

所以，请珍惜和感激父母的含辛茹苦，明确自己所肩负的责任；珍惜这份上天铸造的默契与和谐，微笑着一起分享。让我们每一个人在生命意识中重塑分享的喜悦，让每个同学的生命之花更加灿烂。让我们共同努力，创造高一(4)班美好的明天。

第三节　个人行为类主题班会设计方案

这里的个人行为是相对于公共生活和社会交往而言的，是发生在个人生活中的行为举止。从表面上看，个人行为似乎与他人和社会无关，因而可以不受社会规范或道德准则的约束。但实际上，个人行为在很大程度上可以反映一个人的道德自觉性。一个具有文明行为习惯的人在其生活中也会时时处处展现出其文明、有礼、健康的言行。本节将从以下三个角度来说明个人行为类的主题班会设计方案。

一、"从小事做起从身边做起"主题班会设计方案[①]

(一)班会目的

1. 要求学生了解公民基本道德规范。
2. 引导学生辨明身边的不文明行为。
3. 鼓励学生从身边小事做起，做一个行为文明的学生。

(二)班会过程

主持人：同学们，你们了解公民基本道德规范吗？

同学齐答：爱国守法，明礼诚信，团结友善，勤俭自强，敬业奉献。

主持人：我们的口号是——。

同学齐呼：从小事做起，从身边做起。树文明新风，做时代新人！

第一部分：小事不小。(表演，评点)

① 颜江南，朱光成.我体验我精彩——"从小事做起从身边做起"主题班会[J]. 班主任之友，2002(9).

主持人：下面请大家欣赏各小组自编自导的小品，并辨别是非，在每一小品表演结束后进行评点，发表自己的见解和感想。

小品一：保护弱小。

生1：小品中的大同学以强凌弱、以大欺小的行为是不对的。

小品二：马路遭遇。

生2：骑车带人、走反道、在马路上玩耍等是违反交通法规的行为。

小品三：明礼诚信。

生3：小品中的那位同学言而无信，不守时，不尊重别人的行为，不符合中学生道德行为规范。

小品四：餐厅风波。

生4："谁知盘中餐，粒粒皆辛苦"，浪费是可耻的。

主持人：小品表演的是我们同学中的种种不良行为，这些虽是小事，然而小事不小。我们必须正视这些不良行为。从小事做起，从身边事做起。

第二部分：伟大出于平凡。（演讲）

主持人：有人说，讲文明要抓大事，一些小事不值得计较。你们觉得这种说法对吗？

生5：我觉得无论大事、小事，思想基础只有一个。只有小事做好了，养成良好习惯，大事才能做好。

主持人：对！有些英雄，尤其是在和平建设年代的英雄人物，之所以让人敬仰，并不是他们做了什么惊天动地的大事。他们是用一件件平凡小事编织了自己生命的光环。伟大出于平凡。同学们对这些事了解得可多啦！请听听吧！

演讲一：将脑瘫孩子培养成材的钱丽芳。（故事略）

演讲二：见义勇为的好少年胡国龙。（故事略）

演讲三：伟大的共产主义战士雷锋。（故事略）

演讲四：平民英雄周光裕。（故事略）

第三部分：我体验，我精彩。

主持人：下面进入自我体验环节。每一位同学身边都有很多事发生，你是怎样从小事做起的呢？让我们敞开心扉，无拘无束地畅谈吧！

体验一:不乱扔垃圾。

生1:有一次,我站在人行道上吃冷饮,包装袋就在我手里摇晃着,扔在哪呢?路旁的地面刚刚被打扫干净,随手扔可不好。这时,一位清洁工阿姨推着清洁车走过我身边,我把包装纸往清洁车里一放。没想到那位阿姨竟然对我说了一声"谢谢"。一个很小的举动,竟受到别人的感谢。这件事我做对了,我明白一切应从身边做起,应从小事做起。

体验二:一把水果刀的启示。

生2:一天晚上,我写完了作业,想吃苹果,于是我向妈妈要水果刀,妈妈拿过刀,却拈着刀尖儿,把刀把儿递给我。我先是愣了一下,随后接了过来。我问妈妈:"为什么要这样递呢?"妈妈说:"做事要多替别人着想!"我牢牢记住了。那次劳技课上,老师让我把剪刀递给她。我握着剪刀尖,把剪刀把儿对着老师递了过去。老师见了起先一脸诧异,随后向我投来了赞许的目光。我读懂了老师的目光,心里比吃了蜜还甜。从此,我明白了做事要想着别人的道理。

体验三:献爱心。

生3:1998年夏天,我国嫩江、松花江流域遭受了百年不遇的特大洪灾,许多人失去了美丽的家园。学校组织大家献爱心,中午上学时,有同学带着家长给的钱来到饮料店,取出一半的钱来一饱口福。虽然当时太阳很大,气温也将近40度了,舔着发干的嘴我真想去买杯冷饮,但最终我还是没买,将钱一分不落地投进了捐款箱。每当我想起这件事时,心里总是甜丝丝的,这不仅因为我捐款做了一件好事,我还成功地克制了自己,约束了自己,我觉得我很棒。

体验四:收衣服。

生4:放学了,黑压压的一大片乌云压了下来。我刚进院子,雨点就落了下来。院子里的衣服没有人收,我连忙将所有的衣服收起来了。这时雨越下越大了。邻居回来后,我将叠好的衣服送还给她,她接过衣服,连声说谢谢。虽然这是一件小事,微不足道,却反映了邻里之间应当互帮互助的道理。

体验五:帮他一把。

生5:有一天饭后我去散步,看见一个收废纸的老爷爷推着一辆车,车上堆着一些废品。风刮得很大,他车上的废报纸掉了下来,被风吹得到处跑,我急忙帮他把吹散的报纸捡了回来。老爷爷感激地说:"小朋友,谢谢你。"我连忙说:"不用谢,这是我应该做的。"今后我还要为他人多做好事,让我的生命放出灿烂的光彩。

体验六:邻里风波。

生6:一次,家里来了许多客人,我和妈妈盛情款待。大家兴致很高,唱起了卡拉OK,时间过得真快,各家都陆陆续续熄灯了,只有我家还很热闹。这时,传来一阵急促的敲门声。敲门的是邻居,他板着面孔说:"请自觉一点,你们吵得别人睡不着觉。"妈妈则和邻居因此争执起来,最后邻居被气走了。我很惭愧,悄悄把音量调小了。这件事虽小,但影响了邻里关系。小事不小啊! 从那以后,我就比较注意自己的细小行为,从小事做起,从身边做起,邻里之间又恢复了融洽的关系,我很高兴。

体验七:当一回清洁工。

生7:有一天清晨,我透过窗户看见楼下的人行道上有三位清洁工正在扫地,他们是多么辛苦呀。我带了一把扫帚下楼,学着他们的样子,跟他们一起扫了起来。一位清洁工走了过来,微笑着对我说:"谢谢你,小同学!""不用谢!"我觉得这件事自己做得棒极了。当了一次"清洁工",我很开心,看着行人怀着愉快的心情走在路上,我很自豪地说:"我体验,我精彩。"

体验八:设身处地替他想。

生8:老师明天就要检查背书情况了,一位同学急急忙忙拿着书到我这儿来。我让他快点背,他结结巴巴磨蹭了半天,也背不出来。于是我就发了火,骂他平时不背书,临时抱佛脚。现在想一想真不应该骂他,他被我骂,心里一定不好受,况且书背不出来他比任何人都着急。就是这件发生在我身边的小事,让我知道要理解别人,不要随便对人发脾气。

体验九:逃票真不该。

生9:一个星期六,我同姐姐去奶奶家。我们等了好久,车子一停我就迫不及待地上了车。车上的人很多,我人小,幸亏姐姐护着我。我看着我周围被大人围得像铁桶似的,脑子里忽然跳出一个"坏主意",不买票了,反正售票员也看不见我。于是我悄悄地对姐姐说:"姐姐,人这么多,就不要为我买票了。”姐姐看了我一眼,没说话。过了一会儿,售票员开口了,“请没买票的同志买票!”她的声音尖尖的,好像一把尖刀刺进我心里,我的心咚咚地跳得很快。哎,这就是“做贼心虚”。下车后,我才知道姐姐给我买了票,我十分惭愧,我应该向姐姐学习,从小事做起,从身边做起。

体验十:擦黑板。

生10:星期二,轮到我打扫卫生,我拖完地后就擦黑板,擦子上的粉笔灰多了,我就用两个黑板擦对拍。顿时,粉笔灰满教室乱飞,值日的同学都捂着嘴。劳动委员来责怪我,我听不进去。最后,桌上、地上、讲台上全是灰,害得自己又要重新拖地。通过这件事,我终于知道,做什么事,哪怕是小事,也要认认真真,应该处处为他人着想,否则既影响别人又影响自己。

第四部分:尾声。

主持人:大家发言非常踊跃,大家的体验都很精彩,使每一位同学都受益匪浅。下面请我们的班主任讲话。

班主任:我们今天的主题班会开得很成功,大家的表现非常精彩。班会即将结束,但是,“我体验,我精彩”的活动才刚刚开始,希望大家今后能坚持从小事做起,从身边做起,养成良好的行为习惯,培养起高尚的道德情操,争做“四有”新人。

二、“讲卫生”主题班会设计方案①

(一)班会目的

1. 使学生明确爱清洁、讲卫生对健康、快乐的重要性。

2. 使学生知道要养成哪些良好的卫生习惯,清楚在日常生活中该如何去做。

3. 激发学生爱清洁、讲卫生的情感愿望,自觉养成良好的卫生习惯。

(二)班会准备

1. 排练童话剧《白墙上的黑手印儿》,儿歌《大王歌》。

① 阎雨仙,崔晓玲. 我是讲卫生的好娃娃——一年级班会设计[J]. 教育实践与研究,2007(6).

2. 准备《邋遢大王》录像。

3. 做顶呱呱胸章(大拇指翘起的形状)。

4. 开班会前要求学生注意个人卫生,并留心观察谁是班里最讲卫生的好娃娃。

(三)班会过程

1. 观看录像:《邋遢大王历险记》。

请学生看完录像后说说:"小朋友们为什么刚开始不喜欢和'小邋遢'玩儿,后来又愿意和他交朋友了呢?"

根据低年级学生心理特点,用直观、有趣的动画片来吸引他们,组织讨论,促使他们识别不讲卫生的习惯,明确讲卫生的好习惯。感受良好的卫生习惯给自己带来的健康和快乐,与别人交往时受到的欢迎和喜爱。

2. 表演儿歌:《大王歌》。

爱做梦的网网高声嚷,
爸爸爸爸,我要做大王!
爸爸点头笑哈哈;
想做大王就让你做大王!?
——两根小虫脸上爬,
是鼻涕大王;
衣服油亮满脸黑,
是邋遢大王;
网网听了直跺脚;
不当不当我不当!
我要勤剪指甲,勤洗手;
勤洗脸来,勤换衣,
当个人见人爱的干净娃!

通过一个有趣的儿歌,让孩子们在愉快的气氛中明辨是非,争做爱清洁、讲卫生的好娃娃。

3. 评选班级"卫生好娃娃"。

先通过"夸夸好娃娃"活动,让孩子们发现自己与伙伴身上的良好卫生习惯。在引导他们评选出班里勤剪指甲、勤洗澡、勤洗手、衣服整洁等方面的“卫生好娃娃”,颁发顶呱呱胸章。

在评选过程中,可以推荐自己,也可以选小伙伴。一次小小的评选,激发了孩子们在卫生上互相竞争的心理。评选要求具体,目标明确,在激发孩子们自信的同时,也能使他们发现自己的不足,能切实提高他们讲卫生的意识。

4.“卫生好娃娃”讲卫生。

评选完后,请各位“卫生好娃娃”说说自己平时是怎样做的。

“卫生好娃娃“——勤剪指甲。

(1)学生介绍自己剪指甲的具体做法。

(2)其他学生和老师做补充后学剪指甲。

(3)巩固认知,活跃气氛,出示儿歌:

手指甲,长又长,
细菌病毒把身藏。
常剪指甲讲卫生,
人人身体长得壮。

卫生好娃娃——勤洗手。

(方法同上)

小手掌呀小手指,拿拿东,摸摸西,
拍皮球、踢毽子,擦桌扫地玩游戏,
满手细菌看不见,讲究卫生要勤洗。
进家洗、饭前洗,便后洗,睡前洗,
打开书包写作业,先把小手洗一洗,
肥皂搓出泡泡来,手背洗呀手心洗。
养成习惯靠自觉,偷懒只能害自己。

卫生好娃娃——勤洗澡。

(方法同上)

清清水,哗啦啦,香皂泡,白花花,
小毛巾,擦呀擦,爱清洁,好娃娃。

卫生好娃娃——勤刷牙。

（方法同上）

小牙刷，手中拿，张开小嘴刷刷牙，

左边刷，右边刷，前后上下都刷刷，

起床刷，睡前刷，饭后也要刷一刷，

刷得满口清爽爽，刷得牙齿没蛀牙，

张张口，笑一笑，我的牙齿刷得白花花。

通过这个环节的引导，孩子们都明白了讲卫生要从身边做起，从小事做起，争当"卫生好娃娃"的决心在幼小的心灵里暗暗生根、发芽。

5. 舞蹈《健康歌》。

伴随着轻快活泼的音乐，学生随着《健康歌》跟老师一起舞蹈。明白爱清洁讲卫生、常常锻炼，对身体健康是有很大好处的，体会身体健康给大家带来的快乐。

6. 比一比，谁的书包最卫生。

第一，哑剧表演"写作业"。

表演内容：

**：我叫芳芳。

**：我叫明明。

他俩高高兴兴地背着小书包，坐下开始做作业。芳芳从书包里很有条理地拿出铅笔盒、练习簿和垫板，开始认真地写起来。明明在书包里捣鼓了半天才找到练习簿和垫板，打开铅笔盒又不见铅笔，他不停地在书包里寻找，字写错了，又找不到橡皮，只好向芳芳借，铃声响了，芳芳高高兴兴地将练习簿交给老师，老师脸上笑眯眯的。明明过了好一会儿才将练习簿递上，老师皱着眉头。

之后，让学生讨论"从中你明白了什么？"通过此环节，使孩子们明白讲卫生的好娃娃不仅要讲个人卫生，还要注意经常整理学习用具，使课桌、书包整齐干净。

第二，整理书包评比。

每组推选一人参加比赛，评出整理书包最快、最好的一名学生。

第三，师生总结整理书包的方法：写字所需的用具（铅笔、橡皮、卷笔刀等）放在一起；练习簿、书本，整齐、平整地放进书包；当天不用的课本可以不带等等。通过一次小小的动手比赛,使孩子们高高兴兴地掌握了整理书包的小窍门。

7. 表演童话:《白墙上的黑手印儿》。

"卫生好娃娃"更应该讲究公共卫生。一个叫秋秋的孩子不经意地将黑手印儿拍在了白墙上,他很不安,想主动认错,又怕挨批评。孩子们通过表演展示了自己的心理矛盾,生动形象地提醒了大家从小要爱护公物,唤醒爱护环境卫生的文明意识。

8. 学习拍手儿歌。

你拍一,我拍一,讲究卫生要牢记。

你拍二,我拍二,专用饮具和手绢。

你拍三,我拍三,早晚刷牙和洗脸。

你拍四,我拍四,睡前不要吃零食。

你拍五,我拍五,经常洗澡换衣服。

你拍六,我拍六,饭前便后要洗手。

你拍七,我拍七,生吃瓜果别忘洗。

你拍八,我拍八,常剪指甲常理发。

你拍九,我拍九,穿戴整洁系好扣。

你拍十,我拍十,做个文明好孩子。

拍手儿歌朗朗上口,班会结束后成为孩子们课下游戏的儿歌,从课上延续到课外,真正达到了潜移默化教育学生的效果。

教学反思:

这次班会之后,发现孩子们每天都把自己收拾得干干净净。一些家长反映:孩子现在知道讲卫生,还经常给家长提些小建议呢。看来,这次班会是成功的,能够结合低年级特点,在游戏、儿歌、表演、舞蹈中巩固了孩子们的道德认知,提高了他们的道德情感,增强了儿童的道德意志,从而对孩子们今后的行为产生了重要的影响。

可见,寓教于乐、"润物无声",应该是低年级思想品德教育的重要原则。贯彻这一条原则,才能使我们的教育真正达到陶冶熏陶的境界,才能使正确的为人准则、高尚的道德情操、高雅的行为习惯等都成为一种意识,在我们的孩子们没有任何心理负担的情况下,在玩耍之中,在尽情享受教师的爱的时候,慢慢地浸润到他们的心灵深处,在他们纯洁的心田里培育出可爱、美丽的幼苗。我们多么想让孩子们心中永远是一尘不染的绿色的春天啊!

附:《白墙上的黑手印儿》

马路边跑来小秋秋,
边走边跳边拍球,
球儿碰着果皮箱,
咕噜噜——滚进污水沟,
秋秋好不容易捡起球,
满手的污水脏又臭,
他随手拍在白墙上,
五个指印儿墙上留。
你说这事儿怪不怪,
这手印儿老爱缠着小秋秋,
秋秋上学打这儿过,
手印儿向他招招手:
“喂!快来呀,
我的好朋友!”
秋秋绕开手印儿走,
谁知五个指印儿抓住秋秋不撒手,
“是你,是你!别溜,别溜!”
秋秋忍不住扭扭头,
呀!小手印儿正流着眼泪把他瞅:
“瞧!是秋秋让我在这儿出丑!”
还闯进秋秋的睡梦里,
秋秋在梦里踢腾又乱吼,
妈妈摇醒小秋秋,
他说:“黑手印儿要抢我的球”
妈妈说:“做错的事情像块大石头,

压在小秋秋的心上头，
知错改错是好孩子，
心上的石头要靠自己去搬走。”
小秋秋，清早来到墙下头，
踮起脚，昂起头。
白白的粉笔小手拿，使劲涂着墙上的黑手印。
过路的阿姨帮忙又夸口：
“看！多么可爱的小朋友！”
秋秋红着小脸摆手又摇头，
你说他是高兴，还是害羞？

三、“做健康快乐的人”班会活动设计方案①

（一）班会目的

本次班会活动主要分为感受快乐、分享快乐、创造快乐三个部分，各有其教育目的。

1. 感受快乐。

让学生在感知、体验的过程中明确什么是真正的快乐。

2. 分享快乐。

让学生知道同别人一起分享自己的快乐和分享别人的快乐是最美好的事情，尤其告诫学生应克服自己的嫉妒心理，学会接受、分享及欣赏他人的进步和成功，形成积极健康的竞争心理。

3. 创造快乐。

让孩子们学会如何创造自己的快乐。主要是使学生形成健康的心理体验，增进同学之间的相互了解，加深彼此间的感情。

（二）班会过程

第一部分，感受快乐。

① 韩雪.“做健康快乐的人”班会活动设计[J]. 黑龙江教育，2005(1).

主持人甲：快乐的心情，健康的心理，是我们成长的重要因素。

主持人乙：同学们，你们知道快乐在哪里吗？其实快乐就在我们身边，让我们跟随镜头来一起感受快乐吧！

录像片段一：镜头闪现，孩子们捧来了自己栽种的“杰作”——美丽的牵牛花。早自习的课堂上一片“沸腾”，孩子们兴奋地交谈着、观察着、评论着。“你们看，我的花长得多高！”“你们看我的花多像一位美丽的小姑娘啊，我给它起的名字叫‘含笑’。”还有一个孩子急匆匆地跑过来：“老师，我拿来了绳子，快帮我系在高高的地方，让我的牵牛花爬得最高！”忙碌中，孩子们的小脸沾上了泥土，却扬起了一张张笑脸，那是感受成功的快乐。

录像片段二：在美妙音乐的伴奏下，一群上体育课的学生们用他们自己手中多彩而美丽的椅垫朋友，创造着属于自己的跳跃游戏。学生在兴奋与疑惑中展开了学习，逐渐地体会到了乐此不疲的趣味，孩子们的脸上洋溢着探索与求知的快乐。

录像片段三：一名少先队员搀扶一位盲人过马路；几名小学生在帮助老奶奶拾起掉在地上的东西；汽车上，一名年轻人在给老人让座。所有人的脸上呈现的是善良可爱、乐于助人的快乐。

主持人甲：同学们，看了录像片段你知道了什么是快乐吗？（学生踊跃回答什么是真正的快乐。）

第二部分，分享快乐。

主持人甲：在家里，父母用真挚的爱把我们托起，我们感受到在快乐包围中，自己是那样的幸福。

主持人乙：每天当我们听着优美的音乐，踏着欢快的节奏走进校园，迎接我们的是慈祥的校长、和蔼的老师，我们感到学习是无比的快乐。

主持人甲：就这样，快乐一天天伴随我们共同成长。

主持人乙：是啊！我们的快乐是那样的多。现在就让我们大家畅所欲言地说一说自己的快乐吧！（学生从亲人的关爱、娱乐活动、学习生活、得到帮助、学会本领、学习生活环境等方面说说自己的开心与快乐。）

主持人甲：同学们的快乐可真多！让我们把一份快乐变成两份快乐，让大家共同分享更多的快乐。（放录像并讲解自己的快乐。展示照片并讲解自己的快乐。）

主持人乙:时间是短暂的,我们不能把所有的快乐都展示给大家,就让我们在班会结束后通过"快乐瞬间留影展",继续交流我们彼此的幸福,分享彼此的快乐吧!

主持人甲:同学们,我们班每个同学都拿出自己的欢乐与大家共同分享,就会有许许多多的快乐,而且在欢乐中会增进我们之间的相互了解,加深我们的友谊。所以,为了我们生活得更快乐,让我们更多地奉献自己的欢乐与大家共享吧!

第三部分,分享他人的快乐。

主持人甲:把自己的快乐与大家分享,快乐就多了一份。那么,你是否也能分享别人的快乐呢?请欣赏小品《成绩面前》。(小强学习成绩不好,经过努力,这次考试,他得了90分。小刚学习一直名列前茅,这次又得了100分。他们心里都非常高兴。小明对小强表示祝贺,决心向小刚学习。而小军却不屑一顾地说:"有什么了不起的。")

主持人乙:同学们,看了小品,你有什么感想呢?

生1:同学取得了好的成绩,我们应该祝贺他,并学习他的优点,争取自己也赶上去,我们应该向小品中的小明学习。

生2:小品中的小强有了进步,小刚又得了满分,我觉得我们应该为他们感到高兴才对。可是小军却认为没什么了不起,表现出不高兴的样子是不对的。

主持人甲:是啊,我们每天都在学习,就像沐浴着阳光,呼吸着空气,补充着营养。因而,我们每天都在进步,只是有的同学进步快,有的同学进步慢。我们应该学会为别人的进步而高兴,学会关心别人的进步,欣赏别人的进步。我们既要有超越自己和别人的进取心,同时更应该克服对于自己和别人都不利的嫉妒心。让我们学会为别人的进步而喝彩吧!

主持人乙:好,让我们齐唱一首歌,来表达我们此时快乐的心情。(合唱《幸福拍歌》)

第四部分,创造快乐。

主持人甲:"自己活着就是使别人过得更美好"是雷锋叔叔说过的话,他时刻以助人为快乐。

主持人乙:在我们身边也有许多乐于助人的好同学,他们也在帮助别人的同时得到了快乐。下面就请同学发言。

生3:每次,我把作业本及时发到同学的手中,他们都很高兴,他们的快乐就是我的快乐。

生4:今天,是妈妈的生日,我想给妈妈一个惊喜。(演唱歌曲:《生日歌》)

生5:我们愿意用优美的舞姿给大家带来快乐。(表演舞蹈:《种太阳》)

主持人甲:同学们,快乐是美好的,它对我们的学习和生活都有积极的影响,我们要学会发现自己的快乐,并学会给自己创造快乐,使自己保持快乐的情绪。

主持人乙:请大家记住,只要你用心去发现和创造,快乐就在你身边。它会和我们一起成长。

主持人甲:就让我们在"快乐瞬间留影展"中留住我们彼此的快乐,分享大家的快乐吧!

主持人乙:最后,让我们齐读"快乐歌",来结束我们本次的班会活动吧!

快乐歌:努力学知识,探索得快乐。热心来助人,付出会快乐。勤劳去创造,劳动也快乐。知心交朋友,真诚最快乐。快乐呀快乐,到处是快乐。获得了快乐,就拥有了健康。快乐是朋友,伴随你、我、他。

教师总结:同学们,我们的班会是在快乐中度过的。在你们彼此分享快乐的时候,老师也感受到了每一份快乐。愿你们在今后的学习与生活中能时刻与快乐交朋友,愿快乐永远伴随在你们身边,人人都做健康快乐的人。

本章小结

本章主要展示了文明行为类主题班会活动设计与实施。本章将文明行为分为三个部分:公共生活中的文明行为,涉及环保、遵守交通规则等方面的内容;社会交往中的文明行为,涉及尊重他人、学会欣赏和学会分享等方面的内容;个人生活中的文明行为,包括从小事做起从身边做起、讲卫生等方面的内容。本章介绍了相应主题的班会活动设计方案。

思考题

[1] 思考在不同生活领域中,文明行为的重要价值。

[2] 针对班级学生存在的不文明行为,设计一次主题班会活动。

参考文献

[1] 赵凯. 班主任必读[M]. 南京:河海大学出版社,2007.

[2] 杨连山,魏永田.施教先施爱:名师讲述班主任的核心教导力[M]. 重庆:西南师范大学出版社,2008.

[3] 李涛. 班主任工作新论[M]. 杭州:浙江大学出版社,2008.

进一步阅读文献

[1] 梁华. 班主任工作指导手册[M]. 长春:吉林大学出版社,2009.

[2] 王枬. 优秀的人生导师:著名班主任是这样炼成的[M]. 北京:高等教育出版社,2010.

[3] 靳玉龙. 方法决定成败:班主任工作方法创新集[M]. 长春:东北师范大学出版社,2010.

后　记

从2001年进入安徽师范大学教育科学学院学习教育学算起，至今已有十几年了。这些年，我始终聚焦于道德教育领域的学习和研究。从硕士学位论文《基础教育改革中的家庭边缘化问题研究》到博士学位论文《家校德育责任推诿问题研究》，我一直尝试着厘清德育的现实困境，并摸索提高德育实效的路径。主题班会活动显然是中小学德育一个重要而突出的承载形式。通过提高主题班会活动的效果或许是促进学校德育有效性的一条可能路径。我们尝试并期望在此方面做出努力。

在行文中，编者深感缺乏实践经验所带来的窘困。主题班会活动的设计方案案例不得不撷摘各位一线教师开展主题班会活动的记录。因此，诚挚地感谢诸位老师设计出的优秀主题班会案例，使我能够将其展现给更多的读者以供借鉴。

感谢安徽师范大学出版社及丛书编委会为本书出版所付出的辛勤劳动！感谢丛书主编（也是我的硕士导师）王守恒教授的提携与鼓励！感谢康绍芳同志对本书的校订。

本书为2012年浙江省哲学社会科学规划课题“浙江沿海发达地区中学生国家认同感研究”（12JCJY15YB）和2013年浙江省教育厅课题“家校德育责任推诿问题研究”（Y201223577）的研究成果之一。

梁明月

2012年10月6日

于宁波大学“澄明书房”